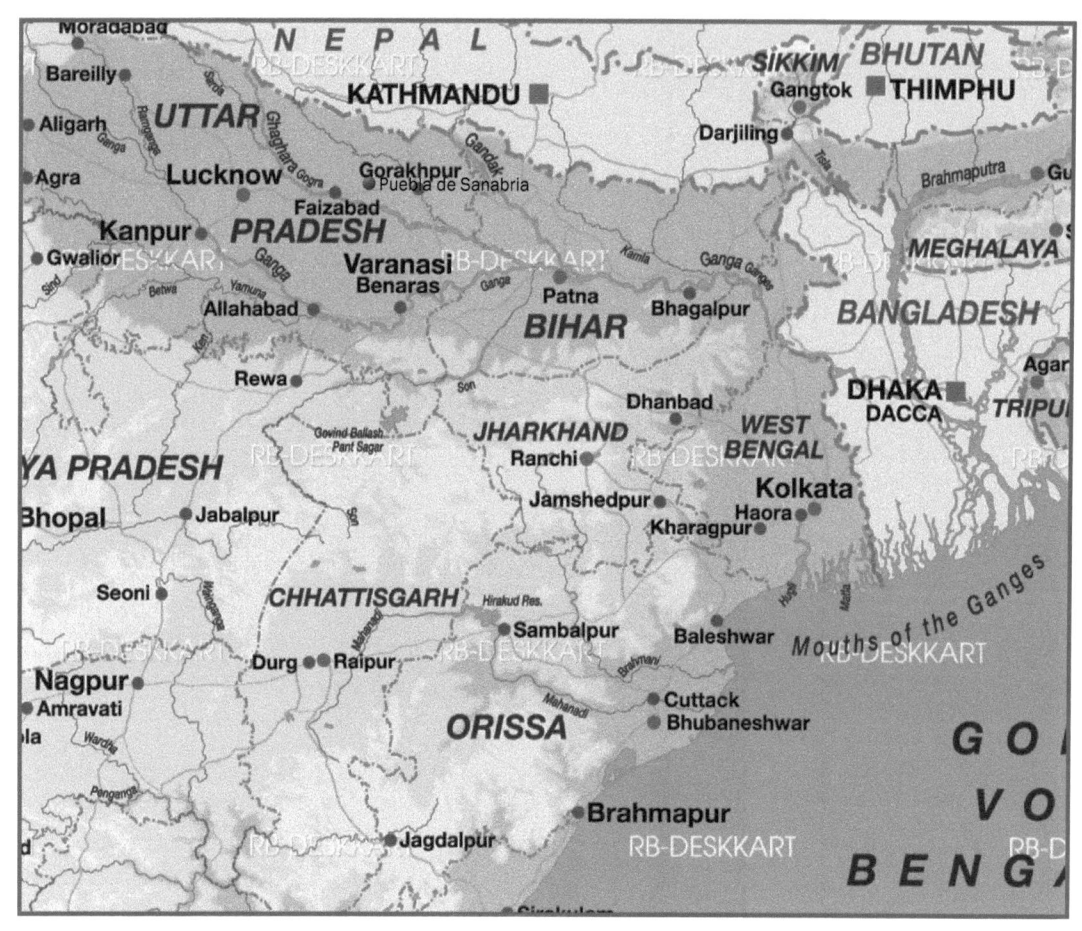

Bengalen

Das Kalkuttaprojekt

Sechs Wochen bei „German Doctors" in der „Stadt der Freude"

13. September - 26. Oktober 2019

IMPRESSUM

Auflage II: 14.02.2020

ISBN 978-3-7504-7181-8

Autor u. Fotos:
Dr. med. Thomas Schmidt, Bocholt, 2019
www.kinderarztschmidt.de

Buch-Layout, Satz u. Druckdaten:
Klaus Berghorn, www.AaWerbung.de

Für meinen lieben Freund Bernd,
der eine Woche nach meiner Rückkehr verstorben ist.

INHALTSANGABE

INDIEN 2.0

Neunzehnhundertachtundsiebzig – fast exakt 41 Jahre ist es her: Ich hatte gerade meine Anatomieprüfung an der Uni mit Ach und Krach bestanden, als wir uns zur Porta Nuova bringen ließen. Porta Nuova heißt der Hauptbahnhof der piemontesischen Provinzhauptstadt Turin, in der wir studierten. Wir, das waren mein Freund und Kommilitone Rainer und ich. Akribisch hatten wir uns auf die große Reise vorbereitet, die notwendigen Impfungen durchgeführt, den Inhalt unserer Rucksäcke detailliert abgesprochen und hielten ein One-Way-Ticket von Rom nach Karachi in der Hand. 1000 DM hatten wir gespart. Damit wollten wir soweit wie möglich kommen…und noch den Rückflug buchen. Es wurden fast drei Monate. Mein Gott waren wir mit Anfang Zwanzig cool. Internet gab es noch lange nicht. Telefonate aus dem Ausland mussten angemeldet werden. Im Notfall hätten wir ganz schön alt ausgesehen - so wie meine Mutter damals, als wir ihr eine persönliche Nachricht aus Indien übermitteln ließen:
In Neu Delhi standen Rainer und ich 1978 auf dem Bahnhof. Wir warteten auf unseren Zug nach Agra, als wir mit einem Paar aus Deutschland ins Gespräch kamen, das sich auf dem Rückweg nach Hause befand. Ihr Zuhause war Herne, meine Heimatstadt. Allein die Tatsache wäre schon ein ungewöhnlicher Zufall gewesen. Dass sie fast unmittelbar in der Nachbarschaft wohnten, setzte dem Ganzen die Krone auf. „Sollen wir Deinen Eltern einen Gruß übermitteln?", fragten sie. „Sehr gerne", antwortete ich erfreut und spontan ohne lange zu überlegen. Bei meinem Besuch in Herne drei Monate später war ich nicht mehr so sicher, ob es eine gute Idee war. Mama hatte damals arglos und völlig unvorbereitet die Tür geöffnet, als sie mit folgenden Worten begrüßt wurde: „Guten Morgen Frau Schmidt, wir kommen aus Indien, um Ihnen die letzte Nachricht von Ihrem Sohn zu überbringen". Mamas Gesichtsfarbe changierte ins Gelbliche, sie verdrehte die Augen und drohte, die Bodenhaftung zu verlieren. Gerade noch rechtzeitig erkannten die Leute die Fragen in Mamas Gesicht und fügten rasch hinzu: „Es geht ihm gut." Nach ein, zwei gemeinsamen Schnäpsen war alles wieder im Lot und die Neugierde groß.
Dollar, Reiseschecks, Tickets und Pass waren im Brustbeutel unter unserem T-Shirt gut verstaut, die sperrigen Rucksäcke legten wir im Kofferraum ab, bevor wir uns damals im August 1978 in einer bevorzugten Osteria zum vorerst letzten Mal im heißen sommerlichen Turin den Bauch mit Spaghetti Carbonara vollschlugen. Demnächst würde es eher Chai, Chapati, Chicken mit Rice oder Rice mit Chicken geben. Pappsatt und kalo-

rienmäßig gut versorgt für den Nachtzug nach Rom ließen wir uns vor dem Bahnhof Porta Nuova absetzen. Wir öffneten den Kofferraum und starrten in ein großes trauriges NICHTS. Unsere Rucksäcke hatten den Besitzer gewechselt. Mit der Gelassenheit von damals bestiegen wir lediglich mit T-Shirt und Hose bekleidet den Nachtzug nach Rom und begaben uns am nächsten Tag zum Flughafen. Was wir damals in Karachi suchten, weiß ich nicht mehr. Ich erinnere mich nur noch, dass wir nach dem Kulturschock schnell wieder wegwollten. Das, was wir seinerzeit von Indien gesehen haben, ist heute teilweise gar nicht mehr möglich. In Lahore sind wir über die Grenze, um den Golden Tempel in Amritsar zu besichtigen, und in Kaschmir haben wir einige Tage auf einem Hausboot in Srinigar verbracht.

Jetzt nach 41 Jahren also noch einmal Indien! Sehr rasch kann ich noch den süßlichen Geruch von Sandelholz in meinem Hirn abrufen. Es zeigt sich mal wieder, dass das Olfaktorium das älteste und am weitesten entwickelte Sensorium ist. Dieses Mal werde ich jedoch nicht als Tourist nach Indien reisen, sondern als German Doctor in medizinischer Mission. Obwohl – so ganz präzise ist das nicht. Man hat uns auf den Einführungsseminaren eingeimpft, dass wir uns auf den Einreiseformularen als Tourist eintragen sollen, weil wir genau genommen illegal in Kalkutta arbeiten. Offiziell gibt es von Staats wegen keine medizinischen Versorgungsprobleme in Indien. Tatsache ist jedoch, dass etliche humanitäre Hilfsorganisationen in Indien und speziell in Kalkutta arbeiten und aus nahe liegenden Gründen auch geduldet werden.

Die Einsatzorte der German Doctors sind: Nairobi, Siera Leone, Philippinen, Kalkutta und Bangladesch. Ich hatte mich für die Philippinen oder eben Kalkutta beworben. Die „Stadt der Freude", wie Lapierre Kalkutta in seinem Roman von 1960 nennt, ist es dann geworden. Zwei Vorbereitungsseminare sind Pflichtprogramm und Voraussetzung dafür, dass man als Arzt an einem Projekt der German Doctors mitarbeiten darf. Ende Januar besuchte ich das Seminar in Würzburg, an dem wir mit den tropenmedizinischen Essentials vertraut gemacht wurden und im März die zweite Veranstaltung in Bonn, wo es um die Details in den einzelnen Projekten ging.

Als ich am Abend mit meinem Tablett den Speiseraum der Jugendherberge in Bonn betrat, deutete mir eine schlanke Frau mit gutmütigen sanften Gesichtszügen, etwa in meinem Alter, an, dass an ihrem kleinen Tisch noch Platz sei. Ich hatte das Glück oder besser gesagt die Ehre, das Abendessen mit Elisabeth Sous - Braun einnehmen zu dürfen. Frau Sous - Braun ist eine der beiden Vorstandsvorsitzenden der German Doctors. Ich hing an ihren Lippen, während sie mir mit vertrauensvoller Stimme von den Projekten berichtete. Ihre beruhigende Ausstrahlung verfehlte ihre Wirkung auf mein von den spannenden Vorträgen aufgewühltes Inneres nicht, obgleich sie beim Thema Tropenkrankheiten auch nicht verschwieg, dass das

Dengue-Fieber den Langzeitarzt in Kalkutta kürzlich heftig getroffen habe. Wir stellten fest, dass wir ein gemeinsames Hobby haben: Pilgerwege. Elisabeth hat mir jedoch eines voraus: Während ich mich auf den diversen Caminos in Spanien und Portugal herumtreibe, ist sie bereits den Franziskusweg nach Rom gelaufen, einen Weg, mit dem ich mich bisher nur theoretisch beschäftigt habe, der aber ganz oben auf der Prioritätenliste steht.

Der Jakobsweg hat mein Denken und meine Entscheidungsprozesse wieder einmal maßgeblich beeinflusst. Als ich im letzten Jahr von Hondarribia nach Bilbao lief, übernachtete ich in einer Herberge in Deba, die sich in einem Bahnhof befindet. Vor der Herberge fiel mir ein Plakat von „Ärzte ohne Grenzen" ins Auge. „Viajar es bueno para la salud". „Reisen ist gut für die Gesundheit" las ich den in großen Lettern markierten Schriftzug. Darunter etwas kleiner Bilder von Jemen, Südsudan und Syrien und noch kleiner in der unteren Ecke das Logo von „Ärzte ohne Grenzen". Es machte mich nachdenklich, vielleicht sogar demütig und erinnerte mich an mein Gelübde, für eine gewisse Zeit als Arzt in die Dritte Welt zu gehen. Der letzte Grund, es noch nicht zu tun, fiel seit einigen Wochen weg, nachdem mein jüngster Sohn Carlo das Abitur gemacht hatte und zum Studieren über die nahe liegende Grenze nach Nijmegen gegangen war.

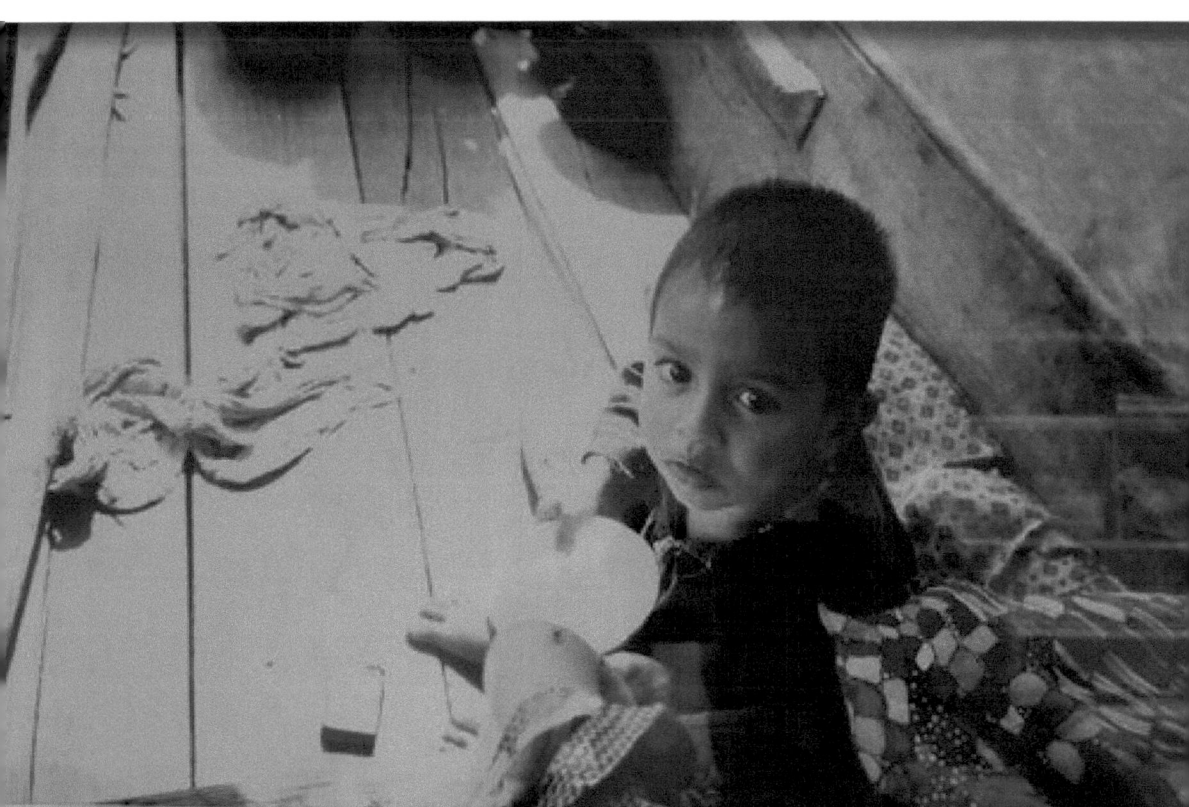

Vorbereitungen

Seitdem ich das Seminar in Bonn abgeschlossen habe, beginnen meine Vorbereitungen: Notwendige Papiere wie z.B. die Approbationsurkunde aus den hintersten Ecken des Arbeitszimmers herausholen. Letztere hat schon einige Umzüge mitgemacht und will erst einmal gefunden werden. Bei der Suche fällt mir ein Brief von Christel Neudeck in die Hände. Der Brief stammt aus dem Jahre 1987. Frau Neudeck organisierte die Einsätze der Hilfsorganisation Cap Anamur, die ihr Mann Rupert Neudeck unter dem ursprünglichen Namen „Ein Schiff für Vietnam" ins Leben gerufen hatte. Obwohl ich eine Zusage für ein Projekt hatte, klappte es 1988 aus Zeitgründen nicht. Unglaublich, wie die Welten sich geändert haben! Damals hat man sich noch mit per Hand geschriebenen Briefen verständigt....

Einige Impfungen sind zu erledigen: Tetanusauffrischung, Hepatitis A und B, Meningitis, Japanische Enzephalitis, Tollwut und Typhus. Anti-Malaria-Mittel werde ich als Stand by Medikation mitnehmen. Gegen Dengue-Fieber gibt es leider noch keine Impfung. Ich vertrage alle Impfungen gut, einzig bei der Meningitis-Impfung entwickele ich grippeähnliche Symptome für zwei Tage. Anderseits hat so eine Reaktion auch etwas Beruhigendes, denn man kann davon ausgehen, dass die Impfung angeschlagen hat und einen sicheren Schutz verleiht.

Neben den Impfungen wird auf den prophylaktischen Schutz der Haut mit Moskitonetz und DEET - Sprays hingewiesen. Gegen die nächtlich aktive Anophelesmücke sollte das Moskitonetz schützen. Die Sprays sind in erster Linie gegen die Dengue-Fieber-Erreger (Viren) gerichtet. Da die Bisse der Aedes-aegypti-Moskitos als Überträger auch durch die Kleidung erfolgen, lege ich mir noch zwei angeblich zuverlässig mit DEET imprägnierte stichfeste Hosen und Hemden von Craghoppers zu.

Was Literatur angeht, suche ich etwas Aktuelles. Im Seminar war auf das Buch von Lapiere, 'Stadt der Freude' hingewiesen worden. Alte Schinken aus der Kolonialzeit oder noch früher interessieren mich gerade nicht. Ich will wissen, wie es jetzt dort aussieht.

Bei meinen Internet Recherchen treffe ich auf einen Roman mit dem Namen „Im Schatten des Monsuns." Das Buch von 2016 schildert das Leben einer jungen deutschen Ärztin, die immer wieder, fasziniert von der Stadt, in medizinischen Hilfsprojekten in Kalkutta arbeitet und in dem Luxushotel Oberoi auf die Liebe ihres Lebens trifft. Es finden sich aufschlussreiche Beschreibungen der Stadt sowie interessante Erörterungen über die Geschichte, Kultur und Religion des Landes in dem Buch von Carla Paulin.

Das zweite Buch, das mir Kalkutta gedanklich und visuell näher bringt, heißt Shiva Moon und ist von meinem alten Traveller-und Adventure-Buddy Helge Timmerberg. Helge ist bereits mit 17 Jahren zum ersten Mal durch Indien gereist. Fasziniert von der Exotik des Landes kommt er immer wieder auf den Subkontinent und will im Alter von Fünfzig den Weg des heiligen Flusses Ganges von der Quelle im Himalaya an verfolgen. Bei der Beschreibung des Faszinosums kommt er naturgemäß kurz vor der Mündung des Ganges in den Bengalischen Golf nach Kalkutta. Die Eindrücke und Erlebnisse, dargelegt in der für ihn typischen Sprache, sind herzzerreißend, spannend und erschreckend zugleich. Am Schluss des Buches gibt er geradezu eine Liebeserklärung für Kalkutta ab und überlegt ernsthaft, sich dort niederzulassen. Seine Zahnschmerzen halten ihn davon ab.

Anfang Mai schrieb mir Carlo per WhatsApp: „Hi Papa, welch ein Zufall. Ich habe heute bei einer Studie den Film Lion gesehen, der das Leben eines Waisenjungen in Kalkutta zum Thema hat. Die Geschichte beruht auf einer wahren Begebenheit. Den Film müssen wir uns unbedingt zusammen anschauen". Der Aufmerksamkeit und empathischen Anteilnahme meiner Lebensgefährtin Kerstin an meinem Vorhaben verdanke ich, dass ich am 18. Mai eine CD des Filmes auf dem Geburtstagstisch präsentiert bekomme. Meine Kinder legen noch ein blaues Littmann-Stethoskop dazu. Darin sind die Namen Luca, Lara und Carlo eingraviert - damit ich sie nicht vergesse in Kalkutta!

Der Film von 2017 (der Hauptdarsteller war für den Oskar nominiert) handelt von einem Jungen, der in Südindien verloren geht und in einen Zug steigt, der ihn nach Kalkutta bringt. Dort irrt er durch das Chaos der Stadt, bis er irgendwann in einem Waisenheim landet. Er wird von australischen Eltern adoptiert, von denen er liebevoll im tasmanischen Hobart erzogen wird. Als Jugendlicher beginnt er zu recherchieren, wo seine Wurzeln liegen, indem er Bruchstücke seiner Erinnerungen zu einem Ganzen puzzelt. Das Ende der Geschichte hat mich einige Tränen der Rührung gekostet.

Why?

Warum gehe ich als German Doctor in ein Land wie Indien?

Ist es der Wunsch zu helfen? Ist es Abenteuerlust? Ist es die Suche nach einer sinnstiftenden neuen Herausforderung?

Ich bin weder mit Mutter Theresa verwandt noch bin ich ein medizinischer Überflieger. Eines spielt mit Sicherheit eine Rolle: Noch immer bin ich neugierig auf Menschen. Damit ließe sich begründen, warum ich auch nach 25 Jahren Praxisarbeit so gut wie keine Verschleißerscheinungen verspüre. Mehr noch als früher empfinde ich ein hohes Maß an Zufriedenheit und Genugtuung, wenn ich auf Grund von Erfahrung jungen Menschen Sicherheit und Halt geben kann, insbesondere in Zeiten, in denen unzählige Ratgeber und Apps ihnen eher eine Pseudosicherheit vermitteln. Dadurch, dass sie meine individuelle Hilfe in Anspruch nehmen, lösen sie bei mir ein positives Gefühl aus. Fast täglich erfahre ich das unfassbare Glück, dass ich diesen wunderbaren Beruf ausüben darf. Von den lästigen administrativen Verpflichtungen habe ich mich durch die besten und motiviertesten Mitarbeiter, die man sich vorstellen kann, befreit. Ich betrachte es als Privileg, wenn ich das Leben der Menschen ab ihrer Geburt begleiten darf. Und wenn sie irgendwann mit ihren eigenen Babies kommen, dann ahne ich, dass ich nicht alles falsch gemacht habe. Banalitäten, wie ein Lächeln, das mir ein einjähriges Kind schenkt, setzen immer noch Endomorphine frei. Und wenn ihm dann gar noch ein „Papa" beim Spiegeln herausrutscht (und kein „Opa"), dann ist mein Tag gerettet. Dankbarkeit ist die Währung, in der wir bezahlt werden.

Bis ins Letzte wird man es nicht ergründen können, warum man einen solchen Schritt, der mit Gefahren und Ängsten verbunden ist, vornimmt. Vielleicht lasse ich mich intuitiv von der Aufforderung John Streleckys (Das Café am Rande der Welt) leiten: „Folge dem Rat deines Herzens und du wirst bei dir selbst ankommen."

Tankred Stöbe, der eine Führungsposition bei Ärzte ohne Grenzen einnimmt („Mut und Menschlichkeit, als Arzt weltweit in Grenzsituationen") antwortet auf die immer wieder gestellte Frage, wie er mit dem erfahrenen Leid umgehe und wie er die erlebten Ungerechtigkeiten aushalte: „Mir stellen sich diese Fragen eher selten. Denn die betroffenen Menschen in den Krisenregionen sind es, die leiden. Als internationaler Helfer bin ich in mehrfacher Hinsicht privilegiert: Meist bekomme ich ausreichend zu essen und Schlaf, mein Aufenthalt in den Gebieten ist zeitlich begrenzt und wenn ich erkranke oder die Sicherheitslage eskaliert, werde ich evakuiert. Nichts davon trifft auf die lokale Bevölkerung zu… Die schönsten Begegnungen verdanke ich Menschen in existentiellen Momenten zwischen Krankheit, Überleben und Tod. Und ihnen etwas Hilfe und Solidarität angeboten zu haben, zählt zu meinen kostbaren, befriedigendsten und sinnvollsten Erfahrungen."

Das Besondere bei German Doctors ist , dass der Austausch der Kollegen in einem Sechswochenturnus erfolgt. Bei anderen Hilfsorganisationen ist die Arbeit in medizinisch unterversorgten Gebieten nur über mindestens drei Monate oder länger möglich. Sechs Wochen sind eine überschaubare Zeit, in der auch Ärzte, die in der Praxis tätig sind, mit etwas zeitlichem Vorlauf ihren Einsatz planen und organisieren können.

Phasen der Vorfreude wechseln sich in den Wochen vor dem Abflug mit Perioden von Ängsten ab. Das Buch des in Kalkutta permanent anwesenden Arztes Tobias Vogt „Medizin in Kalkutta" lese ich mit ambivalenten Gefühlen. Es macht mich nervös, ob der empfundenen fachlichen Inkompetenz jenseits der pädiatrischen Herausforderungen, aber es beruhigt auch, da ich mich nach dem Studium des Buches besser vorbereitet fühle. Wenn ich Fragen habe, rufe ich Anja Bujak im Büro der German Doctors an. Wie Frau Sous-Braun strahlt auch sie freundliche, zuversichtliche Gelassenheit aus. So wie kürzlich bei meiner Frage nach einer INH-Prophylaxe. Meine Sorge, dass ich mir eine TBC einfangen könnte, vermag sie nicht ganz zu beseitigen, aber sie kann sie relativieren: „Wenn ein Patient hustend in die Ambulanz kommt, ziehen sich alle Anwesenden sogleich eine der bereit liegenden Mundschutzmasken an". Danke Frau Bujak. Das hat geholfen.

Nachdem ich mal wieder eine durchwachsene Nacht mit wirren Gedanken Ende Juni hinter mir habe, schreibe ich Cornelius, der sich zurzeit in Kalkutta befindet, eine Mail. Cornelius habe ich beim Seminar in Würzburg kennengelernt. Ich erinnere mich gerne an unseren geselligen Abend im Bürgerhospital, bei dem ich mit einigen anderen jungen Kollegen um die Dreißig an einem Tisch saß. Cornelius wohnt in Bochum. Wir fanden heraus, dass die Welt klein ist. Zwei seiner Freunde hatten vor einigen Jahren in meiner Praxis in Bocholt famuliert.

Cornelius antwortet mir bereits zwei Stunden, nachdem ich meine Mail abgeschickt hatte: „Lieber Thomas, schön von dir zu hören. So wie dir ging es mir auch in den Wochen vor der Abreise. Einmal mit der Arbeit begonnen, läuft es jedoch fast von allein. Und wenn sie mal ins Stocken gerät, helfen die netten Übersetzerinnen aus. Die Begegnung mit den Kindern macht so viel Freude - aber wem erzähle ich das? Das Ganze ist eine tolle, sehr bereichernde Erfahrung." „Deine Worte sind Balsam für meine Seele, lieber Cornelius."

How to get a Visa

Ich komme nicht so recht voran mit meinem Visum für Indien. Als ich mir den Antrag im Internet herunterlade, wird mir schwindelig: Dort wollen sie wissen, ob ich schon einmal in Indien gewesen bin und wie meine Visumsnummer damals lautete. Das ist 41 Jahre her. Wo soll ich das denn noch ausgraben? Keine Ahnung! Sie fragen, ob ich über Pakistan eingereist bin und ob ich mich in dem mit Pakistan umkämpften Kaschmirgebiet aufgehalten habe. Wenn ich das alles wahrheitsgemäß ausfülle, kann ich meine Einreise gleich vergessen. Vielleicht weiß Frau Bujak Rat. Ich rufe sie an. Hoffentlich fühlt sie sich nicht genervt.

Ganz im Gegenteil, wie immer antwortet sie mir freundlich, hilfsbereit und sehr geduldig. Wie ich den Antrag ausfüllen soll, kann sie mir zwar auch nicht genau sagen, aber sie gibt mir einen guten Tipp: „Wenn wir nach Indien fliegen, besorgen wir uns das Visum in einer Servicestelle des indischen Konsulates in Köln. Das hat bisher immer reibungslos und schnell geklappt."

Ich mache einen Termin in dem Büro aus und verbinde meine Fahrt nach Köln mit einem Besuch bei meinem Sohn Luca und meinem Bruder Marcus. Meine mitgebrachten schönen Passfotos wollen sie nicht akzeptieren. Stattdessen produzieren sie grottenhässliche Bilder mit ihrer Maschine. Ansonsten läuft alles unkompliziert und schnell über die Bühne. Insbesondere mein Hauptproblem mit der Indienreise vor 41 Jahren klärt der freundliche indische Mitarbeiter unverzüglich, indem er mir unmissverständlich zu verstehen gibt, dass es diese Reise nicht gegeben habe. Seine Heimat ist Kerala. Kalkutta habe er nie gesehen. Warum ich denn gerade dort hin will, möchte er wissen. So vertrauensvoll wie unser Gespräch sich entwickelte, hätte ich ihm fast den wahren Grund meiner Reise verraten. Aber wer weiß, wie die Drähte nach Berlin ins Konsulat verlaufen? Ich versuche daher lieber, meine eingeübte Strategie hinsichtlich meiner Motivation glaubhaft herüberzubringen. Bei der Einreise nach Indien soll es immer wieder zu unangenehmen Fragen kommen. Auch Cornelius berichtete davon. Gegen eine nicht gerade läppische Gebühr von 160 Euro erhalte ich zwei Wochen später mein Visum. Hoffentlich nehmen sie mich nicht gleich am Flughafen in Kalkutta auf Grund des Gangsterfotos fest.

Vier Wochen vor der Abreise bekomme ich eine Mail von Monika, einer Kollegin, die ich beim Seminar in Bonn kennengelernt habe. Auch sie hatte ihre Not mit dem Visum. Komisch, dass wir uns nicht schon vorher in dem nur mit einer Milliarde bevölkerten Subkontinent über den Weg gelaufen sind. Kurioserweise war auch sie vor 41 Jahren zum ersten und einzigen Mal in Indien. Monika ist Allgemeinärztin in Sulzburg, Nähe Freiburg und hatte ihren ersten Einsatz bei den German Doctors bereits im letzten Jahr in Bangladesch. Sie fliegt am gleichen Tag (13. September) wie ich nach Kalkutta, allerdings nicht von Düsseldorf, sondern von Zürich. Sehr erfreulich ist aber, dass wir uns – wenn alles gut läuft – nachts um 2.00 Uhr in Dubai treffen und von dort aus gemeinsam weiterfliegen. Ein durch und durch angenehmes Gefühl, nicht allein in Kalkutta anzukommen!!

COUNTDOWN

Die Frühboten des Herbstes kündigen sich wohl bemerkbar an: die Nächte werden angenehm kühl. Ein paar Tage noch kann mir die nächtliche Frische den Schlaf erleichtern. Dann wird es richtig heiß. Der Countdown läuft. Die Nachttemperaturen liegen zur Zeit in Kalkutta bei 27 Grad. Die Luftfeuchtigkeit betrug zuletzt 98 Prozent. Immer noch tobt der Monsun in Westbengalen. Da heißt es: Trinken, trinken, trinken. Meine „Wasserallergie" werde ich schnell ablegen müssen. Trotz Hitze wird mich die Sonne wahrscheinlich nicht allzu oft beglücken. Die Kollegin aus Kalkutta schrieb: „Wasserdichte Schuhe, Regenjacke und Schirm nicht vergessen!" Wir sind ja schließlich nicht im Urlaub, sondern zum Arbeiten in Indien.

Ich hoffe, ich habe nichts vergessen. Die Vertretung in der Praxis ist organisiert. Auf meinen Freund Bernd Schmitz – Förster aus Moers kann ich mich hundertprozentig verlassen. Auch meine Praxiskollegin Andrea wird ihre Arbeit mit Sicherheit gut verrichten. Vereinzelte restliche Tage übernehmen freundlicherweise meine kinderärztlichen Kollegen in Bocholt und Rhede. Ich danke ihnen für ihren solidarischen Einsatz. So werden die sechs Wochen voraussichtlich gut überbrückbar sein.

Noch ein Zufall tut sich kurz vor meiner Abreise auf. Meine Freundin Brigitte, deren runden Geburtstag wir vor gut zwei Wochen gefeiert haben, kommt in die Praxis zum Impfen. Sie nutzt die Herbstferien für einen Yogakurs in Südindien. Beim Abgleich unserer Daten stellen wir fest, dass ihr Rückflug am 26. Oktober von Kerala aus nach Dubai geht, meiner ist am gleichen Tag von Kalkutta ebenfalls nach Dubai vorgesehen. Mein Aufenthalt in Dubai ist mit einer Stunde bei der Zwischenlandung allerdings sehr knapp bemessen. Wir vereinbaren, dass sie den Kapitän im ungünstigen Fall der Verspätung meines Fliegers von einer Verzögerung des Abfluges überzeugen wird, bevor wir gemeinsam der Ankunft in Düsseldorf entgegensehen.

In einem weiteren, sehr aufschlussreichen Buch des Reiseschriftstellers Andreas Altman („Notbremse nicht zu früh ziehen") über Indien lese ich das, was auch Helge Timmerberg oder andere Schreiber in ähnlicher Form bekräftigen: „Am nächsten Tag bleibe ich im Hotel, um einsam zu sein. Es gibt keine befriedigendere Einsamkeit, als bei großer Stille das Hirn zu sortieren, darüber nachzudenken, welche Worte zu welchen Gedanken passen. Das sind die Stunden, in denen ich mir ein zweites Leben besorge. In dem ich intelligenter, versöhnlicher bin als an den restlichen Tagen, an denen Stille und Einsamkeit fehlen." Ich selbst kenne diese angenehme Einsamkeit vom Schreiben meiner Tagebücher über Jakobswege in Spanien. Gleichsam wünsche ich mir, dass ich auch in Indien zwischen den vielen Eindrücken und der zu erwartenden Reizüberflutung diese therapeutische Dimension des Schreibens nutzen kann.

Bleibt noch, unseren Transfer vom Flughafen zum Howrah South Point, unserer Unterkunft, zu organisieren. Ich schreibe Mrs. Nilima Malick, der Koordinatorin in Kalkutta unsere Flugdaten und den Zeitpunkt unserer Ankunft per Mail. Danach rufe ich noch einmal im Büro in Bonn an. Und was sagt mir die liebe Frau Bujak? „Alles schon geregelt, Herr Schmidt. Ich habe Mrs. Malick die Flugdaten bereits übermittelt." Danke! Wie immer ist auf Anja Bujak Verlass.

Ab Anfang September haben wir ein Plakat in der Praxis am Empfang stehen, auf dem wir die Patienten in Kenntnis setzen, dass ich mal sechs Wochen weg bin. Es ist unglaublich, wie positiv mein Vorhaben aufgenommen wird und wie viele gute Wünsche mich auf meinem Weg nach Indien begleiten. Ein paar Tage vor dem Abflug bringt der Postbote eine Zustellung aus Velbert ins Haus. Inhalt: Ein Survivalpaket für Indien. Absender: Unsere liebe Freundin Simone. Die ganze Familie hatte sich Gedanken gemacht, was ich zum Überleben in Kalkutta gebrauchen könnte.

Freitag, der Dreizehnte September

Kerstin bringt mich nach ihrem Schuldienst zum Düsseldorfer Flughafen. Wir fahren so rechtzeitig los, dass kleinere Staus eine pünktliche Ankunft nicht verhindern. Ich freue mich sehr, dass auch Luca und Marcus aus Köln gekommen sind, um mich zu verabschieden.

Das Boarding klappt gut, aber der Emirates-Flieger startet mit mehr als einer Stunde Verspätung. Das könnte knapp werden mit dem Connecting Flight in Dubai.

Als ich dort aus dem Flugzeug raus bin und einen Sachverständigen frage, feuert der mich an: „Fast fast fast…" Nicht so einfach, denn erst einmal muss ich wieder durch eine lange Schlange an der Sicherheitsschleuse. Der Abflug ist von Flughafen C, auf dem ich gelandet bin, nach Flughafen B verschoben worden. Ich gebe ordentlich Gas und hole so meine verpasste Sporteinheit vom Donnerstag nach.

Am Schalter 32B ist es menschenleer. Ich erkenne nur ein Schild mit der Aufschrift: Last call for Kolkata. Pech gehabt, aber ein Versuch ist es wert: Erneut sprinte ich los, diesmal durch den Tunnel. Gerade noch rechtzeitig vor dem Verschließen der Tür betrete ich den A 380. Es sieht so aus, als ob ich der einzige Europäer bin, alle Sitze sind auf den ersten Blick mit Indern besetzt. Dann erspähe ich weiter hinten doch noch ein lachendes Bleichgesicht. Es ist Monika, die sich freut, mich an Bord zu sehen. Ich bin erleichtert und auch ich bin froh, doch noch mit Monika gemeinsam in Kalkutta anzukommen. Freitag der 13. (m)ein Glückstag!!

Welcome to Kolkata

Wir landen pünktlich in Kalkutta. Bei der Aufregung war an Schlaf nicht zu denken. Egal, ich bin nur froh, dass ich hier bin. Ortszeit 8.00 Uhr, in Bocholt ist es jetzt 4.30 Uhr. Ich muss konzentriert sein, denn jetzt kommen gleich die vermeintlich unangenehmen Fragen des Grenzbeamten. Monika ist vor mir dran. Sie hat sich einiges ausgedacht, wie man sich touristisch hier vergnügen könnte. Dann werde ich herangewinkt. „Are you travelling together?", will der Mann in der Uniform von mir wissen. Ich nicke so dynamisch, dass ich mir beinahe den Hals verrenke und füge ein deutlich artikuliertes lautes „Yes" hinzu. Es überzeugt ihn. Keine weiteren Fragen, außer, in welcher medizinischen Fachrichtung ich tätig bin. Glück gehabt, denn eigentlich wird in Indien eine Frage mit einem Kopfschütteln bestätigt, oder besser gesagt mit einer liegenden Acht.

Kolkata, die Hauptstadt Westbengalens, in der wir gelandet sind, hieß früher Kalkutta. Offiziellen Angaben zufolge hat Kalkutta 15 Millionen Einwohner. Bedenkt man, dass viele Menschen in der Stadt nicht gemeldet sind, könnten es auch doppelt so viele sein Die Namensgebung hängt vermutlich mit der Göttin Kali zusammen. („Tor der Göttin Kali"). Am 15. August 1947, dem Unabhängigkeitstag Indiens von den Briten, wurde Bengalen durch eine willkürliche Grenzlegung geteilt. Der östliche, den Moslems zugewiesene Teil hieß zunächst Ostpakistan. Im Westen Indiens entstand durch eine ebenfalls willkürlich gezogene religiöse Trennlinie das Land Westpakistan. Muslime wanderten von Indien nach Pakistan ein, Sikhs und Hindus verließen das neue Staatsgebiet Pakistans. Eine der größten Vertreibungs-und Fluchtbewegungen der Geschichte brachte Millionen Menschen den Tod. Kalkutta entwickelte sich zum Armenhaus Indiens. Durch den blutigen Unabhängigkeitskrieg Ostpakistans zerfiel das junge, zweigeteilte Land. Der Staat Bangladesch entstand in Ostbengalen. Er erklärte sich 1971 unabhängig von Westpakistan.

Akribisch suchen wir vor dem Flughafen den Abholservice. Ein Taxi zu nehmen soll schwierig sein, da den Taxifahrern unser Standort in Howrah häufig nicht geläufig ist. Howrah ist die kleine Zwillingsstadt von Kalkutta, getrennt durch einen Nebenarm des Ganges. Verbunden werden die beiden Städte durch die berühmte Howrah Bridge, die täglich am meisten frequentierte Brücke der Welt. Der Flughafen heißt offiziell Bose, benannt nach dem Politiker Chandra Bose. Im Sprachgebrauch der Bevölkerung ist die alte Bezeichnung Dum Dum nicht herauszubekommen. Sie leitet sich von den Geschossen ab, die hier produziert werden.

Da unser Fahrer nirgendwo zu sehen ist, rufe ich Nilima, die Koordinatorin des Projektes an. Vorsichtshalber hatte ich mir ihre Nummer ins Handy eingespeist. Beim zweiten Mal klappt es. Ich habe sie zwar an der Strippe, aber verstehe so gut wie nichts. Dieses indische Englisch ist gewöhnungsbedürftig. Ich höre heraus, dass sie uns erst für Montag erwartet hatten und der Fahrer ca. eine Stunde braucht, bis er am Flughafen ist. Früher als erwartet spricht er uns nach 40 Minuten an und fährt uns durch die Stadt zum Howrah South Point, unserer Bleibe für die nächsten sechs Wochen.

Fabian empfängt uns. Er reist heute Abend ab, nicht jedoch nach Deutschland, sondern zunächst nach Darjeeling im Himalaya, wo er eine Trekking Tour gebucht hat. Er zeigt uns unsere Zimmer und gibt uns noch Informationen zu drei seiner Patienten, um die wir uns in den nächsten Tagen kümmern möchten.

Nach sechs Wochen kennt sich Fabian aus, als wäre er hier aufgewachsen. Auf dem Stadtplan zeigt er uns, wo man in Kalkutta was sehen und besorgen kann. Sein großer Rucksack ist gepackt. Heute Abend wird er mit dem Nachtzug nach Darjeeling fahren. Fliegen kommt aus ökologischen Gründen nicht in Frage. Er hatte sogar erwogen, mit Bahn und Bussen von Deutschland nach Kalkutta zu kommen. Fabian ist 32 Jahre, seine langen blondgelockten und zu einem Dutt gebundenen Haare passen zu seiner konsequenten ökologischen Einstellung.

Alle, auch die drei anderen hier verweilenden German Doctors begleiten Fabian um 18.00 Uhr, nachdem die Sonne schlagartig untergegangen war, nach Kalkutta Downtown, um ihn mit einem Bierchen zu verabschieden. Die Busfahrt ist ein Erlebnis, der Verkehr mit Motorrikschas, Fahrradrikschas, Bussen, Lastwagen, Autos, Taxis, Fahrrädern und Eselkarren ist abenteuerlich. Dazwischen Menschenmassen. Ampeln gibt es auch, eine genaue Verkehrsordnung kann ich noch nicht erkennen. Ausnahmslos jeder setzt seine Hupe ein. Dadurch entsteht ein Höllenlärm. Allen, die ein Fahrzeug haben, macht es eine Riesenfreude so aggressiv und entschlossen, wie irgend möglich zu fahren - frei nach dem Motto: Der Stärkere gewinnt.

Fabian ist ortskundig. Zielsicher führt er uns durch die Menschenmassen. Die Lokation, die er ausgesucht hat, ist im wörtlichen Sinne cool. Eine Bar im zehnten Stockwerk. Die Räume innen sind so heruntergekühlt, dass wir uns lieber bei 30 Grad nach draußen auf die Terrasse setzen. Immerhin, der Verkehr ist hier oben kaum zu hören. Eine gesellige lustige Runde, für Monika und mich eine tolle Einführung. Gerade erst angekommen, erscheint es uns so, als wären wir schon immer dabei gewesen.

Die Rückfahrt ist alles andere als bequem, aber lustig. Wir machen den Ölsardinen Konkurrenz, indem wir uns alle sechs in ein normal großes, gelbes Taxi quetschen. Am Abend gibt es um halb zehn noch ein Abendessen in unserer Unterkunft. Danach geht's auf die harte Matratze unter das Moskitonetz. Ich liebe harte Matratzen!

Für den nächsten Mittag ist ein Ausflug mit den Kindern der in unserem Haus befindlichen Tuberkulosestation in einen Erlebnispark geplant. Organisiert hat die Tour unsere Kollegin Ruth, die nur einen kurzfristigen zweiwöchigen Einsatz hat, nebenbei jedoch die geplante Berichterstattung der Journalisten von der FAZ begleiten soll. Deren Ankunft wird immer wieder verschoben und schließlich komplett storniert, da sie kein Visum für Indien erhielten.

Die kleinen Patienten sind in der tuberkulostatischen Therapie fortgeschritten, sodass sie nicht mehr als ansteckend gelten. Die Mädchen haben sich gestylt mit Kajal- und Lippenstift. Dazu die farbenfrohen Saris. Für sie, die über Monate auf der Station verharren müssen, ist es ein Festtag. Mit Liedern, die sie auf Englisch und Bengali in dem Krankentransporter anstimmen, bringen sie ihre Freude zum Ausdruck.

Im Park sind Nachbauten der sieben Weltwunder konstruiert. Bei klarem blauen Himmel kommt die Sonne offensichtlich heute deutlich mehr zum Vorschein als in den letzten Wochen. Dadurch ist es extrem heiß. Einige Kinder haben mit dem Kreislauf zu kämpfen. Für mich ist es ein wunderbarer Start in das Projekt. Morgen geht's an die Arbeit.

 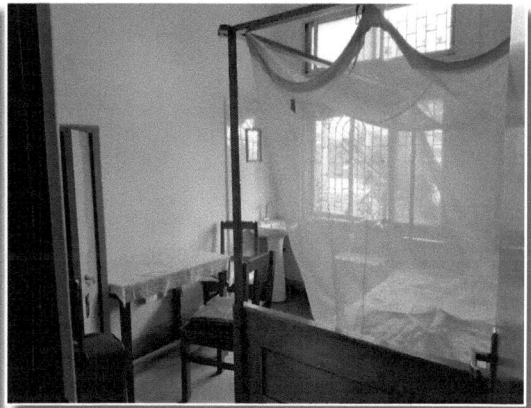

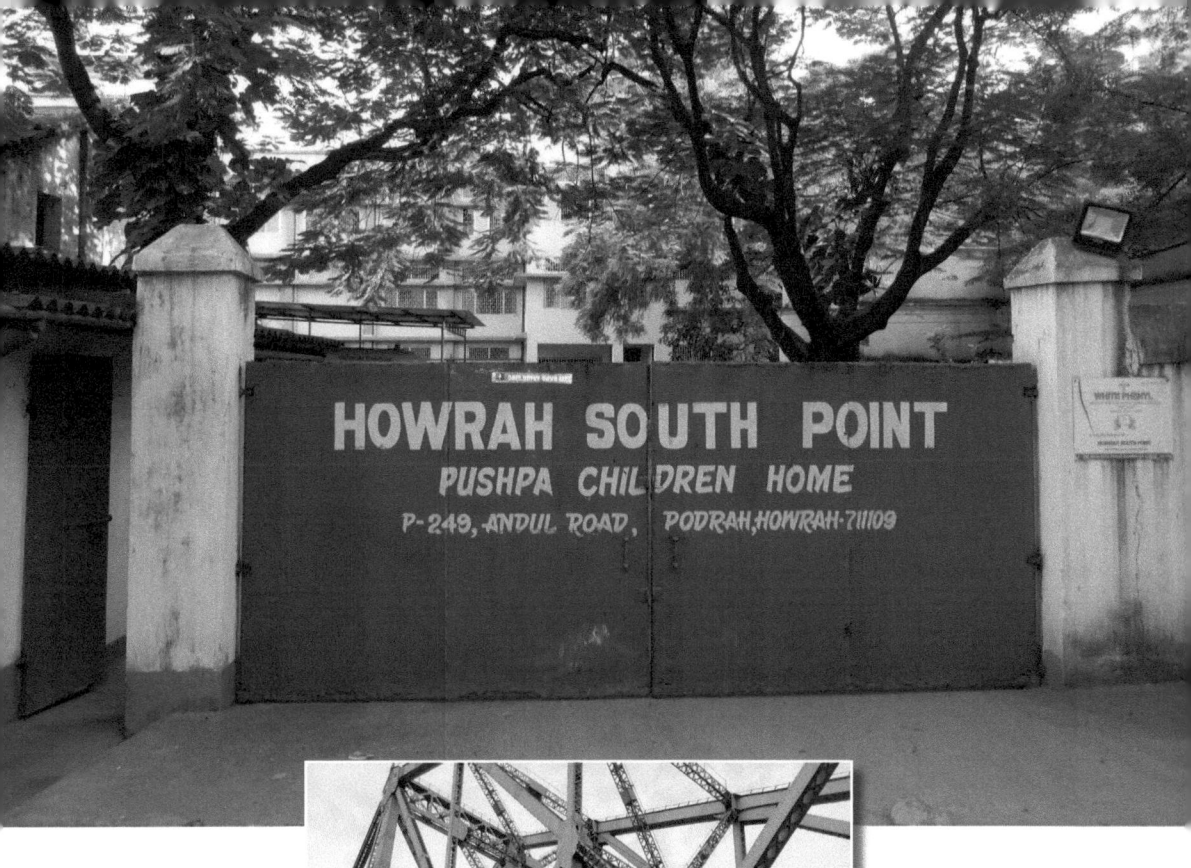

Howrah Bridge

Aller Anfang ist...

Die Nacht war kurz. Heute Morgen hat irgendeiner um kurz vor sechs das Licht angeschaltet. Bei genauerer Betrachtung ist keiner in mein Zimmer gestürmt, sondern es war das Tageslicht, das von jetzt auf gleich da war. Rollläden zur Abdunkelung sind nicht vorgesehen. Ich habe normalerweise auch kein Problem damit. Aber was ist hier schon normal in Kalkutta? Immer wieder reißen mich alle möglichen Horrorszenarien aus dem Schlaf.

Nach dem gemeinsamen Frühstück um sieben geht es kurz nach acht zu den jeweiligen Projektstationen. Mit dabei in Santoshpur, ca. eine Stunde Autofahrt von unserer Unterkunft entfernt, sind Sandro und Monika von den German Doctors (nicht ganz korrekte Bezeichnung, da Sandro Schweizer ist). Vor der Ambulanz stehen ca. 150 Menschen in der Schlange, getrennt nach Geschlechtern, die Frauen in farbenfrohen wunderschönen Saris. Wir gehen durch die Reihen. Die vermeintlich sehr schwer Erkrankten bekommen eine rote Kappe auf, um vorgezogen zu werden. Die anderen erhalten einen Stempel auf die Hand. Dann beziehen wir unsere jeweiligen etwa acht Quadratmeter großen Arbeitszimmer. Jeder bekommt eine Übersetzerin zugewiesen, die bis zum letzten Arbeitstag bleibt. Meine Übersetzerin heißt Kaberi und arbeitet bereits seit über zwanzig Jahren bei German Doctors. Es stellt sich heraus, dass ich eine gute Partie gemacht habe, denn Kaberi führt mich sehr kompetent in die Abläufe ein.

Bis zur Mittagspause um eins habe ich einige interessante Fälle gesehen (rheumatoide Arthritis, Herpesinfektion, Bronchopneumonie, diverse Hautkrankheiten, Epilepsie, Allergien), aber auch etliche banale Erkrankungen. Zum ersten Mal in meinem Leben habe ich einer Schwangeren den Bauch vermessen und mich später bei Monika Euler, der Frauenärztin im Team, erkundigt, ob es korrekt war. Die Gynäkologin hat viele Jahre bei NGOs in Afrika, Asien und Lateinamerika verbracht. Monika ist Nachfolgerin von Elisabeth Sous Braun als medizinische Leitung bei German Doctors und macht sich ein Bild von den Projekten in Kalkutta und Bangladesch. Sie kann es kaum glauben, dass ich schon mit der ersten Bewerbung bei German Doctors einem Projekt zugeteilt wurde.

Am Ende sehe ich eine alte Frau, bei der ich eine Radiusfraktur oder eine schmerzhafte Distorsion des Handgelenkes vermute. Wir basteln aus Mundspatel eine Schiene und geben ihr ein paar Schmerzmittel mit.

Ich bin sehr zufrieden mit meinem ersten Arbeitstag. Besonders die fröhlichen und zumindest heute gar nicht so schlecht ernährten Babies und Kinder waren eine Freude. Die aus Deutschland mitgebrachten Traubenzuckerbonbons haben sich bewährt.

Sandro kennt sich aus. Wir lassen unseren Fahrer an einer Kreuzung anhalten, steigen dort aus und überqueren den Fluss Hoogly nach Howrah mit der Fähre. Zum Abendessen in der Unterkunft gibt es einen Cocktail auf Erikas Geburtstag.

....MANCHMAL GAR NICHT SO SCHWER

ARE YOU HAPPY?

Nach dem gemeinsamen Frühstück begleitet uns heute Morgen Patrick in die Ambulanz nach Santosphur. Er ist Wallone, Mitte Fünfzig, praktiziert als Allgemeinmediziner in der kleinen deutschen Gemeinde der belgischen Provinz Eupen. Patrick verfügt mit seinem charmanten französischen Akzent über einen vorzüglichen trockenen Humor.

Nach der üblichen Triagierung in der Schlange verteilen wir uns wieder auf unsere Sprechzimmer. Ich gehe heute schon deutlich lockerer an meinen Platz. Wie immer beginnen wir mit den Kindern. Für mich ein Heimspiel mit Wohlfühlcharakter. Es ist schön, dass wir uns gegenseitig helfen können. So stellt mir Monika einen Säugling vor, mit dem sie nichts anfangen kann und ich konsultiere sie wegen der Dosis eines Antidiabetikums, das ich zur Einstellung des Zuckers bei einer mittelalten Frau einsetzen möchte. Anders als bei uns, wo wir mit Diabetes Typ 2 so gut wie nichts bei jungen Menschen zu tun haben, ist hier der Diabetes Typ 2 genetisch bedingt mit 90 % in der Verteilung der Diabetes-Population vertreten.

Eine junge Frau mit ihrem gut einjährigen Sohn auf dem Arm betritt den Raum. Wir machen einen Schwangerschaftstest bei ihr. Innerhalb von Minuten haben wir das Ergebnis. Zwei rote Balken sind mehr als deutlich sichtbar. Wir rechnen den Geburtstermin nach der Nägliregel aus Es gibt einige Fragen zu beantworten, die ich auf einem Bogen dokumentieren muss. Die letzte Frage lautet: „Are you happy with your pregnancy?"

Das Gesicht der 19jährigen Frau drückt alles andere aus, nicht aber dass sie glücklich mit dem Test ist. Kabari übersetzt mir, dass sie an Abtreibung denkt. Abtreibung aber ist mit den Grundsätzen des lokalen kirchlichen Trägers nicht vereinbar. Daher versuchen wir sie zu überzeugen, dass sie das Kind austragen möge und danach die Empfängnisverhütung konsequent durchführen soll. Die Entscheidung liegt ohnehin nicht bei ihr. Das letzte Wort hat ihr Mann.

Nach der Sprechstunde lassen wir uns heute auf der Rückfahrt in der Stadt rauswerfen und besichtigen das Viktoria Memorial.

SPONTANHEILUNG

Heute fahren wir raus auf's Land in Richtung Bangladesch. Eine schöne grüne Landschaft, in die wir eintauchen. Neben der Schlange vor der Ambulanzbaracke in Bojerat steht ein Auto, in dem wir einen alten, schwer kranken, scheinbar nicht mehr ansprechbaren Mann auf der Rückbank liegen sehen. Der Mann hat Lungenkrebs im Finalstadium. Seine Verwandten möchten nur das Morphium für ihn abholen.

Die Behandlungszimmer sind hier noch etwas einfacher. Trotzdem kommen die Menschen auch hier in der Regel gepflegt und sauber in die Ambulanz. Dass sie die Ambulanz barfuß betreten, ist nicht ihrer Armut geschuldet, sondern Ausdruck ihres Respektes und der Würde. Einen Tempel würden sie auch nicht mit Schuhen betreten.

Ein ca. vierzigjähriger Mann betritt mit seiner gesund aussehenden Frau den Raum. Sie spricht für ihn – sehr liebevoll, wie mir scheint. Der Mann wiegt 30 kg bei einer Größe von ca. 165 cm. Er hüstelt leise. Kaberi setzt sich eine Maske vor den Mund, als wäre es das normalste von der Welt. Vielleicht sollte ich das dann auch besser tun. Die mitgebrachten Röntgenbilder von der Lunge zeigen zwar noch kein „Schneegestöber", entzündliche Infiltrate beidseits sind jedoch nicht zu übersehen. Auskultatorisch ist nichts Besonderes zu hören. Lediglich eine Tachycardie, die zu dem kachektischen Ernährungs- und Allgemeinzustand passt. Säurefeste Stäbchen, also eine Spezialuntersuchung auf TBC sind negativ. Aber kann man dem Befund vertrauen? Ich entschließe mich, ein Antibiotikum und in vierzehn Tagen eine Kontrolluntersuchung anzusetzen - Oder hätte ich doch besser sofort den TBC-Doktor hinzugezogen? Oder einen HIV-Test machen sollen? HIV Patienten bekommen eine Cotrimoxazolprophylaxe. Zumindest wäre dann die Auswahl meines verordneten Antibiotikums nicht unsinnig gewesen. Diese Fragen werden mich in den nächsten Tagen beschäftigen.

Ein junger Mann, ca. 25 Jahre alt, zeigt mir ein Geschwür an seinem linken Unterschenkel. Es ist nicht allzugroß, aber die Antibiotikatherapie und Lokalbehandlung habe nicht den durchschlagenden Erfolg erbracht. Das Laufen sei für ihn immer noch schmerzhaft. Der Mann bringt ein Röntgenbild vom Unterschenkel und Fuß mit, das der Kollege in der letzten Woche angeordnet hat, um eine chronische Osteomyelitis (Knochenentzündung) auszuschließen. Der Knochen ist ohne Befund. Nach kurzem Nachdenken kommt für mich dann nur noch eine chirurgische Intervention in Frage. Wir gehen in ein Nachbarzimmer, um das weitere Vorgehen zu organisieren. Als der junge Inder erkennt, dass es jetzt auf Messers Schneide steht, wird er munter. Nein, man habe ihn wohl falsch verstanden. Es sei alles schon viel besser geworden. Einfache, lokale Maßnahmen seien eigentlich völlig ausreichend - ein klassischer Fall von Spontanheilung!

Wir werden heute relativ früh fertig, nehmen noch das Essen aus dem Henkeltopf ein und lassen uns dann auf dem Rückweg in Kalkutta absetzen, um Mothers House aufzusuchen. So nennen die Inder kurz und knapp Mutter Theresas Charity House.

SORT OF BREAD

Kaberi und ich entwickeln uns allmählich zu einem Dreamteam. Manchmal hakt es noch ein wenig, was dann in der Regel an meiner mangelnden Phantasie liegt.

Wie immer steht am Anfang eines Patientenkontaktes die Anamnese. Seit wann besteht das Fieber? Wie ist der Appetit? Ist der Husten mehr nachts oder am Tag? Sind noch andere Familienmitglieder erkrankt? Etc. etc. ... Bei einer Angabe Kaberis komme ich regelmäßig ins Stutzen. „Sort of bread", sagt sie mir immer wieder und ich habe den Eindruck, es ist eine wichtige Information, die mir nicht entgehen darf. Ich will nicht so blöd fragen, aber ich kann mir nicht vorstellen, warum die Brotsorte so essentiell ist bei der Vorgeschichte. Kaberi macht diese Angabe auch nicht immer, zum Beispiel dann nicht, wenn jemand in gutem Allgemeinzustand mit Hautproblemen vorstellig wird. Aber wenn ein Patient hustet und Fieber hat, dann scheint die Brotsorte von besonderer Relevanz zu sein. Irgendwann klingelt es auch bei mir. Könnte es eventuell auch Short of breath heißen? Oder noch präziser Shortness of breath? Beim nächsten Mal weiß ich Bescheid. Ganz sicher!

Kaberi und ich ergänzen uns. Als ein junger Mann um die Dreißig uns seinen mit Pilzeffloreszenzen übersäten Körper zeigt, meint sie, man könnte auch mal einen Blutzucker bestimmen lassen. Gute Idee, Kaberi, denn als der Mann einige Minuten später aus unserem mobilen Minilabor zurückkommt, präsentiert er uns einen Blutzucker von 173mg/dl. Das ist pathologisch und gehört weiter abgeklärt. Kaberi leitet alle erforderlichen Maßnahmen ein. Ich brauche nur noch zu unterschreiben.

Bei einem jungen Mann, der mit einem zweifach positiven Sputum-Befund auf säurefeste Stäbchen kommt und von uns die entsprechenden Medikamente zur Therapie der Tuberkulose verschrieben haben möchte, klärt sie ihn auf, dass das nicht der korrekte Weg sei, sondern, dass die Untersuchung noch einmal in einem Speziallabor durchgeführt werden muss, damit man ihn in ein staatlich subventioniertes Tuberkuloseprogramm einschleusen kann.

In einer bestimmten Vorgehensweise habe ich sie meinerseits schon sehr überzeugend eingewiesen. Kaberi hat bereits gut verstanden, dass Kinder am Ende einer Untersuchung ein Stückchen Traubenzucker erhalten. Wenn ich mal zu schnell bin und die Kinder nach der Konsultation wieder herausbitte, ermahnt sie mich konsequent: „Doctor, you have forgotten to give a chocolate!"

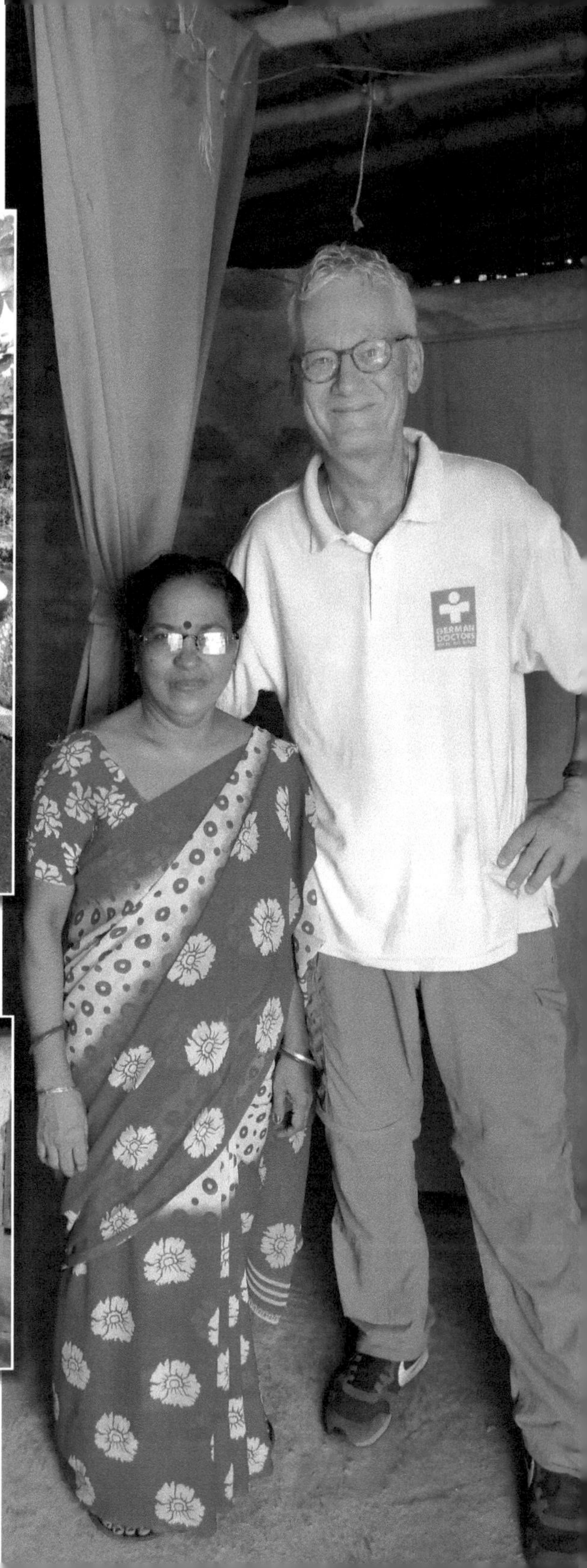

Rote Kappe

„Good morning Doctors", schallt es uns wie jeden Morgen von den freundlichen indischen Mitarbeitern entgegen, während wir auf den Abtransport zu unseren einzelnen Ambulanzen auf dem Hof warten. Wie die fleißigen Heinzelmännchen beladen sie unsere Autos mit dem notwendigen Rüstzeug für die Ambulanzen. Für mich geht es wieder nach Bojerhat aufs Land.

Die Schlange ist heute deutlich länger als in den letzten Tagen. Da wartet eine Menge Arbeit auf uns...und auf mich eine Überraschung mit Herzklopfen gleich zu Anfang. Die alte Frau mit der roten Kappe wird in meinen Untersuchungsraum geführt. Die rote Kappe hat sie von uns beim Ablaufen der Schlange aufgesetzt bekommen, da sie uns zusammengekauert auf dem Boden liegend als Notfall erschien, also möglichst schnell untersucht werden sollte. Sie wird von ihrer Nachbarin mehr oder weniger hereingetragen. Zumindest erscheint sie bewusstseinsklar. Wie alt wird sie sein? Achtzig vielleicht? Ich schaue auf die Behandlungskarte. Darauf steht fünfzig. Zum Glück ist alles nicht so dramatisch, wie es ursprünglich aussah. Kaberi übersetzt mir, dass sie zu Hause gefallen sei und starke Schmerzen im Bereich des rechten Unterschenkels und Fußes habe. Sie verzieht schmerzhaft das Gesicht und schreit auf, als ich das Bein durchbewege und abtaste, obwohl weder eine Dislokation noch eine besondere Schwellung zu erkennen ist. Ich lasse zur Vorsicht in diesem Fall ein auswärtiges Röntgenbild anfertigen, eine elastische Binde anlegen und gebe ihr Schmerzmittel mit.

In vielen Fällen bin ich mir noch nicht sicher, wie viel Diagnostik notwendig und sinnvoll ist. Andererseits bin ich erstaunt, wie einfach und relativ schnell Blutuntersuchungen, Röntgenaufnahmen und Ultraschalluntersuchungen durchführbar sind. Einen Malariaschnelltest können wir selbst in unserem Minilabor in kurzer Zeit erhalten. Ich habe ihn einmal bei einem jugendlichen Mädchen anfertigen lassen, das angeblich seit vier Wochen Fieber hatte. Er war negativ. Die Ursachensuche geht weiter. Bei einer jungen Frau mit einem Schulterarmsyndrom und ausgeprägten Parästhesien im rechten Arm ordne ich ein Röntgenbild von der Halswirbelsäule an. Könnte ja Knochentuberkulose sein. TBC gibt es hier häufig und in allen Formen, nicht nur als Lungentuberkulose. Vielleicht war die Vorsicht übertrieben. Wahrscheinlich hätte es auch gereicht, wenn ich ihr ein paar krankengymnastische Übungen gezeigt, sie beruhigt und Schmerzmittel mitgegeben hätte.

Frauen haben generell hier häufig einen leidenden Gesichtsausdruck. Das Beschwerdebild wird als Hole Body pain und als Dizzyness bezeichnet. Häufig steckt eine Depression dahinter. Ich habe auch schon einmal in einem relativ klar erscheinenden Fall ein Antidepressivum verordnet. Damit halte ich mich zuhause eher zurück. In fraglichen Fällen würde ich einen Kinderpsychiater hinzuziehen.

Wir haben eine überschaubare Menge an Medikamenten gegen Asthma, COPD, Herzinsuffizienz, Hypertonie, Hautkrankheiten und andere Erkrankungen hier zur Verfügung, die preislich sehr günstig sind. Um sorgsam mit den Spendengeldern umzugehen, versucht man die auswärts durchzuführende Diagnostik auf das Nötigste zu begrenzen.

Zwischendurch bekommen wir einen Tee hereingereicht und ich kann mit Kaberi kurz über Privates reden. Sie erzählt mir von ihrem zwanzigjährigen Sohn, der Ingenieurwissenschaften studiert, ich berichte ihr von meiner fünfundneunzigjährigen Mutter. Sie will unbedingt ein Bild von ihr sehen. Ich finde ein nettes Foto in meinem Handy. Natürlich ist sie erstaunt über ihren Topzustand. Sie will es nicht glauben, dass Mama schon so alt ist. Hier kommt es immer mal wieder vor, dass jemand nicht genau weiß, wie alt er ist.

Ansonsten meint Kaberi, wir hätten heute Itching Day, also Tag des Juckreizes. In der Tat werden etliche Patienten mit Pilzerkrankungen, Skabies, Ekzemen und Geschwüren vorstellig. Sandro hat einen besonderen Fall, den er mir zeigt. Eine 19jährige Frau, die übersät mit Papeln im Gesicht ist. Es ähnelt einer Akne, von der gleichmäßigen Anordnung der Papeln her sehen sie aber nicht wie Komedonen bei einer Akne aus. Vielleicht eine Kontaktdermatitis. Sandro schickt einem befreundeten Dermatologen in der Schweiz ein Foto von seinem Handy. Die Antwort kommt schnell, aber doch zu spät. Es ist eine besondere Form der Rosazea. Wir hatten uns auf eine probatorische Cortisonsalbenbehandlung für drei Tage geeinigt. Das ist definitiv keine geeignete Therapie bei Rosazea. Sie wird es

überleben. Anfang der Woche – wenn sie wieder vorstellig wird – können wir die Therapie umstellen.

Wir werden erst gegen 16.30 Uhr fertig, haben heute aber deutlich über 150 Patienten geschafft. Die Mitarbeiter wollen nach Hause. Das Wochenende steht vor der Tür. Auf der Rückfahrt lassen wir uns in der Stadt absetzen, um in einem Reisebüro auf der Sudderstreet den geplanten Ausflug nach Darjeeling in zwei Wochen über die Feiertage zu buchen.

Am Abend verabschieden wir Erika und Ruth, die morgen früh zurück in die Heimat fliegen. Erika hat eine wichtige Aufgabe: Sie soll darauf aufpassen, dass Ruth rechtzeitig das Flugzeug besteigt. Auf dem Hinflug hatte sie bei der Zwischenlandung in einer seriellen Abfolge von Sekundenschläfchen vor dem Abflugschalter nicht mitbekommen, dass alle Fluggäste plötzlich verschwunden waren. Der Flieger nach Kalkutta war weg. Sie musste sich ein neues Ticket kaufen und sechs Stunden auf den nächsten Flug nach Kalkutta warten. Ruth sprach ihre Verwunderung darüber aus, dass der Flug nicht ausgerufen wurde. „This is a silent airport", hatte man ihr geantwortet.

Patrick Swayze

Walter ist da. Wie wir vor einer Woche ist er heute Morgen aus Europa in Kalkutta eingetroffen und ersetzt die gestern abgereiste Erika. Walter ist Allgemeinmediziner a.D. aus Schaffhausen in der Schweiz und 70 Jahre alt. Im letzen Jahr war er in dem philippinischen Projekt in Mindoro. Die anderen sind ausgeflogen, so bin ich derjenige, der ihm – wie ein alter Hase – unsere Unterkunft zeigt und die Gepflogenheiten des Hauses erklärt.

Mit Monika und Walter möchte ich heute einige Highlights der Stadt erkunden. Aber erst, wenn der Monsunregen seine Arbeit eingestellt hat. Gerade prasselt es vom Himmel herunter, dass man kaum sein eigenes Wort versteht. Ich verschließe die Fenster. Eigentlich hatte ich mir die Regenfälle um diese Zeit noch heftiger und von der Dauer und Frequenz her intensiver vorgestellt. In der ersten Woche konnten wir uns häufiger als vermutet an einem blauen Himmel erfreuen. Die Temperaturen liegen tagsüber bei 35 Grad, nachts „kühlt" es sich auf 30 Grad ab. Die Luftfeuchtigkeit ist immer hoch. Man muss den „Wetfilm" auf der Haut einfach wie eine Selbstverständlichkeit hinnehmen. Alles eine Frage der Einstellung.

Wir überqueren die Andulroad an unserer Unterkunft und warten auf den Bus mit der Aufschrift 61. Anders als in der Woche ist er um diese Zeit nicht besonders voll, sodass wir sogar einen Sitzplatz ergattern können. Am Ende der Andulroad biegt er ab und quält sich durch das extrem verkehrsreiche und bevölkerte Zentrum Howrahs. Nach einer Stunde erreichen wir die berühmte Howrahbridge. Auch wenn er auf den Straßenschildern steht - Kein Mensch benutzt hier den offiziellen Namen Rabindra Setu (nach dem Nobelpreisträger Rabindranath Tagore benannt) für eine der größten Auslegerbrücken der Welt, die 1943 eröffnet wurde und die beiden Zwillingsstädte über den Hoogly verbindet. Wenn man es genau nimmt, liegt Kalkutta, wie es besungen wird, gar nicht am Ganges, sondern am Fluss Hoogly. Die Anzahl der Fahrzeuge und Menschen, die jeden Tag diese Brücke frequentieren, ist sagenumwoben. Mittlerweile wird sie entlastet durch die New Bridge, über die wir jeden Morgen von Howrah nach Kalkutta in unsere Ambulanzen fahren.

Wir schließen uns dem Strom an und überqueren die Howrah Bridge in Richtung Kalkutta. Am Ende sehe ich ein Schild mit der Aufschrift: „Photography strictly forbidden." Zunächst leuchtet mir die Sinnhaftigkeit nicht so recht ein. Ein paar Meter weiter könnte die Erklärung sein. Dort, wo wir die Treppe in Richtung Flower Market heruntergehen, liegen auf Flachdächern menschliche Körper, von denen man nur erahnen kann, ob sie sich noch im Diesseits befinden, oder bereits tot sind. Es wirkt gespenstisch. Was genau dort abläuft vermag ich nicht zu erkennen. Der Markt selbst ist extrem bunt. Allerdings laufen hier Gestalten herum, denen ich nachts nicht begegnen möchte, insbesondere nicht allein. Ein Fahrradfahrer rempelt mich beim Überholen von der Seite an. Ich fühle eine Berührung an meinem Rücken. Ob es absichtlich war, kann ich nicht sagen. Wenn er aber dort Wertvolles gesucht hat, wäre er ohnehin an der falschen Stelle gewesen. Ich trage meine wenigen mitgenommenen Habseligkeiten – 3000 Rupien, entsprechend knapp fünfzig Euro, und eine Kopie meines Passes – vorne in einem Gürtel. Mit eintretender Dunkelheit wird die City von Kalkutta immer voller. Saturday Night Fever? Wir schieben uns durch die Menschenmassen und lassen uns in einer kleineren Nebenstraße den Genuss eines frisch zubereiteten Tees nicht entgehen. Ich gehe davon aus, dass die hinzugefügte Zitrone die letzten übriggebliebenen Keime abtötet. Hoffentlich! Bitte! In einer Stunde wollen wir Patrick und Sandro am New Market treffen. Zwischendurch kommen uns Zweifel, ob das zu schaffen ist. Beim Überqueren größerer Kreuzungen möchte man am liebsten nach dem Motto vorgehen: Augen zu und durch. Dann aber wäre alles zu spät! Es wäre mit Sicherheit das Ende. Wachsamkeit ist oberste Pflicht!

Plötzlich stehe ich unerwartet vor dem Oberoi. Das Luxus-Hotel spielt eine Hauptrolle in dem Roman, den ich im Rahmen meiner Vorbereitungen auf Kalkutta gelesen hatte. Jetzt ist nicht die Zeit für einen Kaffee in dem edlen Etablissement. Diesen Moment möchte ich mit allen Sinnen aufsaugen. Nicht auf die Schnelle. Ich weiß ja nun, wo auf der breiten Esplanade das Hotel liegt. Ich werde an einem anderen Wochenende hierher zurückkehren.

Angekommen am New Market ist es nicht mehr auszuhalten. Diese Menschenmassen sind schlichtweg nicht zu ertragen, jedenfalls nicht für einen untrainierten Mitteleuropäer. Ich schlage vor, dass wir um die Ecke gehen und das „Hotel Fairlawn" aufsuchen. Das steht ohnehin auf der Liste der „Musts". Eine gute Idee, wie sich herausstellt. Mitten auf der Sudderstreet, einer Travellerhochburg, gelegen, fühlt es sich mit seinem leicht morbiden Charme wie eine Oase der Glückseligkeit an. Die Gartenterrasse ist wohltemperiert. Man hört kaum noch etwas von dem Höllenlärm auf der Straße. Und auch die Speisekarte erfüllt alle unsere Wünsche.

Das Besondere ist die Geschichte dieses über 200 Jahre alten Hotels, das von einem Engländer erbaut wurde. Bilder von bekannten Persönlichkeiten unterschiedlicher Couleur wie Günther Grass oder Sting, sowie Zeitungsausdrücke, teilweise auch aus Deutschland, hängen an den Wänden. Es ist keineswegs ein Luxushotel. Es imponiert mit seinem kolonialen Ambiente. Große Teile des Filmes „City of Joy" mit Patrick Swayze in der Hauptrolle wurden hier 1991 gedreht. Fast auf den Tag genau zehn Jahre ist es her, dass der von vielen Damen (wie auch von Monika aus unserem Team) verehrte Schauspieler im September 2009 einem Pankreas Carzinom mit 58 Jahren erlegen ist.

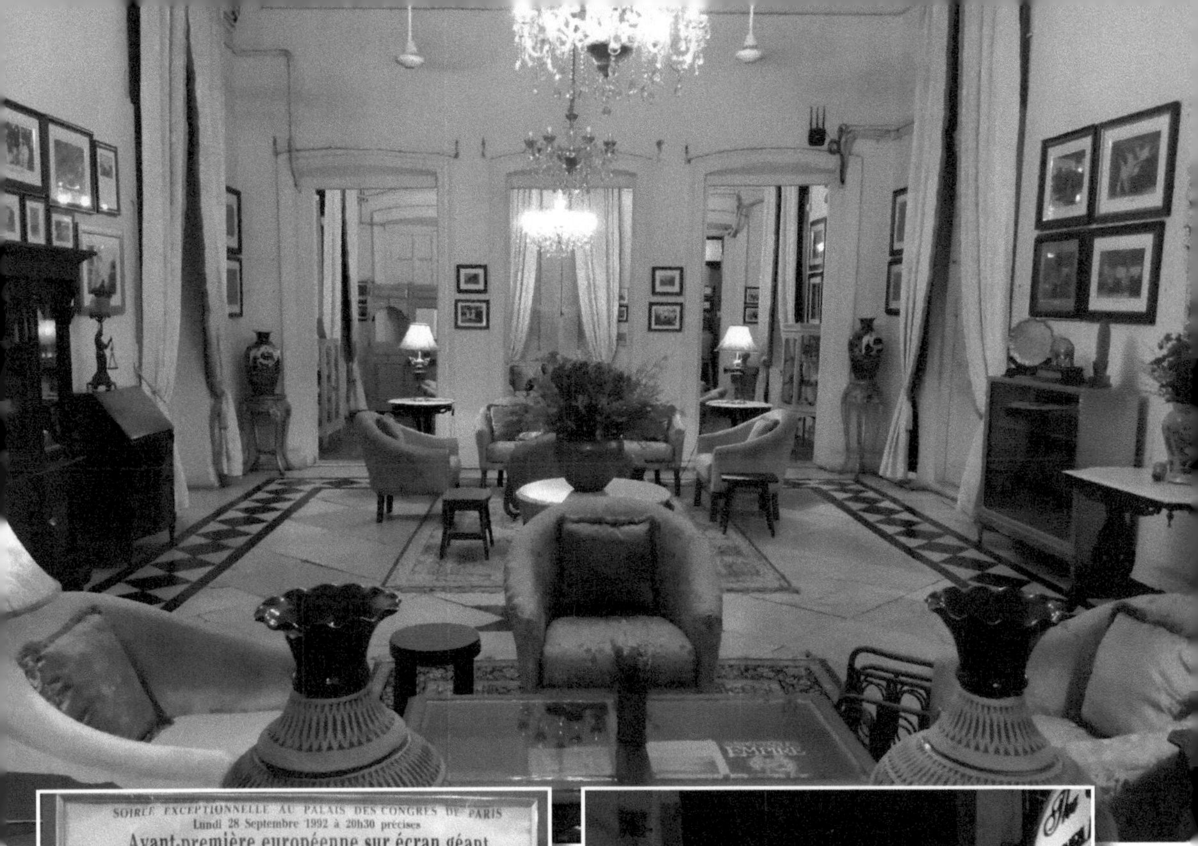

SOIRÉE EXCEPTIONNELLE AU PALAIS DES CONGRES DE PARIS
Lundi 28 Septembre 1992 à 20h30 précises
Avant-première européenne sur écran géant
du nouveau film de Roland Joffé
40 68 00 06
LA CITE DE LA JOIE
EUROPE 1
Prix des places : 300 f - 250 f - 100 f
Soirée organisée par le FORUM DE L'ESPOIR des étudiants de l'I.S.G.
au profit exclusif de l'oeuvre humanitaire créée par Dominique LAPIERRE
POUR SAUVER LES ENFANTS LÉPREUX DES BIDONVILLES DE CALCUTTA
ISG

13/A
The Elgin
FAIRLAWN
A HERITAGE HOTEL
SINCE 1783

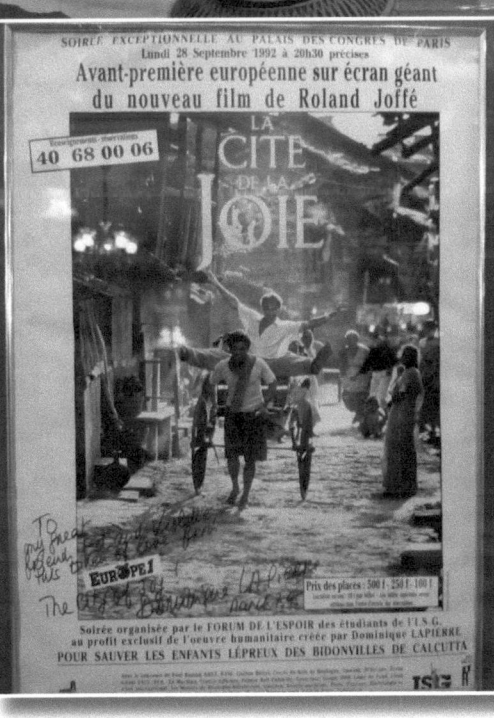

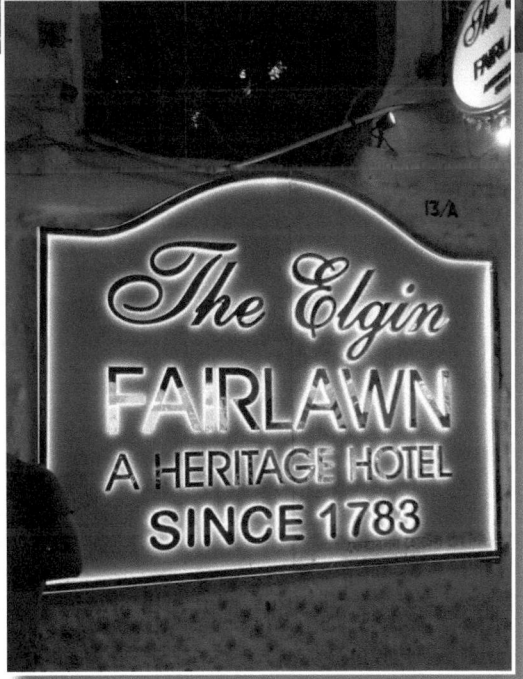

TBC und Banales

Lazy Monday. Zum ersten Mal, seitdem ich hier bin, empfinde ich so etwas wie Heimweh, nachdem ich gestern beim Skypen meine Lieben im sonnigen Garten in Bocholt habe sitzen sehen. Sobald die Arbeit in der Ambulanz beginnt, ist alles verflogen. Während der Fahrt nach Santoshpur tobt sich der Monsun aus. Rechtzeitig zur Abstempelung der Patienten vor der Ambulanz können wir entlang der Pfützen ohne Regenschirm durch die Reihen gehen. Auch heute wieder das übliche Bild von Frauen mit wunderschönen farbenfrohen Saris.

Eine ältere schlanke Frau sieht mich flehentlich an und greift hilfesuchend meine Hand, während ihr Sohn mit meiner Übersetzerin Kaberi spricht. Sie ist HIV-positiv, bekommt Medikamente von staatlichen Krankenhäusern. So richtig wissen wir nicht, was wir für sie tun können. Sie hatte sich offensichtlich noch irgendetwas Neues von den Ärzten aus Deutschland erhofft.

Ein Mann um die Sechzig klagt darüber, dass er bei der Miktion nur wenig Urin ausscheiden kann. Eine Untersuchung der Nieren und des Urins ist bereits erfolgt. Er zeigt uns den unauffälligen Befund. Mir scheint es evident, dass es sich um ein typisches Problem älterer Männer handelt. Wieder einmal Neuland für mich. In der Pädiatrie habe ich damit nichts zu tun. Ich schicke ihn zur Abklärung der Prostata zum Urologen.

Ein junger Mann zeigt mir seine Arme mit parasitösen Effloreszenzen, die mich an die vielen Eichenprozessionsspinner – Fälle in diesem Frühjahr und Sommer in der Praxis erinnern. Ob es die hier auch gibt? Eher nicht. Jedenfalls sieht es nicht besorgniserregend aus. Das Mittel, das ich in Bocholt gegeben hätte, steht mir nicht zur Verfügung. Ich behandele ihn daher kurzfristig mit Betamethasonsalbe.

Eine sympathisch lächelnde Frau, Anfang Zwanzig, steht bereits zum zweiten Mal nach dem letzten Montag vor mir. Sie wirkt gesund, beklagt aber immer noch Schmerzen über dem Sternum. Zu sehen oder zu fühlen ist weder über dem Brustbein noch parasternal etwas. Wahrscheinlich ist es eine harmlose Costochondritis oder ein Tietzesyndrom. Ich lasse ein Röntgenbild anfertigen. Vielleicht beruhigt sie es, wenn der Röntgenbefund normal ist. Ein bisschen hadere ich mit mir, ob es nicht eher eine übertriebene Maßnahme ist.

Um eine übertriebene Maßnahme handelt es sich bei der Anordnung von säurefesten Stäbchen und der Durchführung eines Röntgen Thorax bei dem vierzigjährigen Mann mit therapieresistentem Husten seit fünf Wochen und erheblicher Gewichtsabnahme mit Sicherheit nicht. Die Wahrscheinlichkeit einer Tuberkulose ist sehr groß.

Als erhebliche Erleichterung habe ich heute zum ersten Mal die nicht internetabhängige App Dic.cc, die mir einer der Kollegen empfohlen hatte, empfunden. So muss ich bei der schriftlichen Befundung nicht alles umschreiben, wenn ich mal wieder eine medizinische Vokabel auf Englisch nicht kenne.

Wir kommen heute gut durch. Wie überall in der Welt haben die Museen am Montag auch in Kalkutta geschlossen. Mich erneut in das Menschengedränge zu werfen – danach steht mir gerade nicht der Sinn. Ich fahre daher nach der Sprechstunde zurück in unser Heim, um zu lesen oder zu schreiben. Im Garten hinter unserem Haus kommt mir Monika Euler entgegen. Sie hat von einer Tafel gehört, auf der die Schauspielerin und Ärztin Dr. Maria Furtwängler gewürdigt worden sein soll. Gemeinsam machen wir uns auf die Suche und entdecken den gut sichtbar platzierten Stein rasch. Maria Furtwängler ist die Kuratoriumspräsidentin von German Doctors.

Mother's House

Mit der Metro fahren ist nicht schwer in Kalkutta. Es gibt nur eine Linie. Wir müssen also nur die korrekte Richtung zu unserem Ziel wählen. Fünf Rupien (acht Cent) kostet die Fahrt nach Kalighat. Man erhält einen Chip, den man zum Einlesen vor einen Scanner hält, und tritt ein. Nur verlieren dürfen wir diesen Chip nicht, denn beim Verlassen der Metro müssen wir ihn in einen Schlitz werfen, um wieder herauszukommen. Wir quetschen uns in die volle überklimatisierte Bahn und steigen nach drei Stationen aus. Auf dem Weg zu Mother's House sehe ich zum ersten Mal die für Kalkutta typischen Laufrikschas. Nur hier in Kalkutta sind sie noch erlaubt. Nein, wir möchten uns nicht damit befördern lassen. Es erscheint uns unwürdig, andererseits ist es die einzige Einnahmequelle für manche Männer hier. Doch Hand auf's Herz: Würde man das Argument akzeptieren, gäbe er auch Gründe, die Sklaverei wieder einzuführen. Einer der vielen Widersprüche in Kalkutta. Einen anderen sah ich gestern auf einem Schild im Botanischen Garten, auf dem geschrieben stand: Less pollution is the best solution - oder einen Aufkleber, den ich jeden Tag an vielen Autos haften sehe: Save Drive Save Life.

Wir betreten ehrfürchtig das Mutterhaus. Im Entree werden wir gefragt, ob wir die neuen Volunteers seien. „No, we are only for visiting here", antworten wir wahrheitsgemäß. Das sei kein Problem, sagt man uns. Wir werden lediglich aufgefordert, uns in ein Buch einzutragen und dann ins Allerheiligste geführt. Um diese Zeit sind wir die einzigen Besucher. Die Frau mit dem leuchtend weißen Habit und den hellblauen Streifen könnte von ihrer Erscheinung her Mutter Theresa selbst sein, wäre da nicht das dunkle Hautkolorit der indischen Ordensschwerster. Stolz zeigt sie uns den antiken Schreibtisch, den Mother immer benutzt habe. Um ihn zu schonen, sei er heute nicht mehr in Gebrauch. Vorsichtig holt sie den dazugehörigen Schemel mit der Aufschrift Mother Theresa hervor. Auf einer Schiefertafel steht Statistisches: Diese Woche werden 53 Männer und 44 Frauen beherbergt. Vier sind gestorben.

Ein Mann um die Dreißig läuft an uns vorbei. Er sei früher auch einer von denen gewesen, die man auf der Straße aufgelesen habe und der jetzt als Volunteer hier arbeite. Bevor man eine hilflose Person aufnehme, würde man sie hier um die Ecke bei der Polizei melden. In den Essräumen sehen wir auch junge Leute mitteleuropäischen Aussehens mithelfen. Das Haus selber sei früher ein Tempel gewesen, den Mutter Theresa irgendwann einmal geschenkt bekommen habe. An der Wand hängen Bilder von der Begegnung zweier Heiliger, nämlich von Mother selbst und Papst Paul Johannes II. In einem großen offenen

Raum liegen zig Matratzen mit blauen Überzügen aufgereiht. Nur auf wenigen befinden sich Menschen mit verbundenen Extremitäten. Die anderen Mitbewohner halten sich getrennt nach männlichen und weiblichen Personen in den zwei Essräumen auf. Alle, die wir hier sehen, erscheinen sehr gepflegt mit frischen sauberen Verbänden und V – förmig geschnittenen Hemden. Etwas Skurriles hat dieser Raum mit den hilflosen Menschen hier. Ein Jeder sitzt diszipliniert auf einer Bank, die Hände auf einem davorstehenden Tisch liegend,so, als hätte man ihnen eine kleine Dosis Haldol injziert. „Wo ist Dr. Martini?", frage ich mich gerade, denn irgendwie erinnert mich diese Situation an eine Szene aus dem Kultfilm „Einer flog über´s Kuckucksnest".

Wie auch immer. Ich habe große Hochachtung vor dem Wirken dieser freiwillig und unentgeltlich helfenden Menschen. Wenn alle eine solche Haltung hätten, bräuchten wir schon lange nicht mehr von Kriegsschauplätzen in der Welt berichten.

Wo wir gerade hier in der Gegend sind, können wir nach diesem beeindruckenden Besuch auch noch den Kalitempel um die Ecke „mitnehmen". Eine größere Diskrepanz zwischen zwei Sehenswürdigkeiten ist kaum vorstellbar. Der Tempel, schon äußerlich nicht besonders aufregend, imponiert durch Müll, der nicht nur vor dem Gotteshaus in großen Mengen unübersehbar ist, sondern auch innen zwischen den vereinzelten Blumen, Räucherstäbchen, kleinen Altären und Betenden herumliegt. Kranke, abgemagerte Hunde laufen umher. Nun, immerhin sind sie barfuß. Auch wir dürfen den Hindutempel natürlich nur ohne Schuhe betreten. Nach der Ankunft in unserem Haus begebe ich mich unverzüglich unter die Dusche. Besonders anfreunden werde ich mich mit der kapriziösen vielarmigen Kali, der Göttin des Todes und der Zerstörung, vermutlich nicht mehr.

Mothers Theresa Charity-House

Kali Tempel

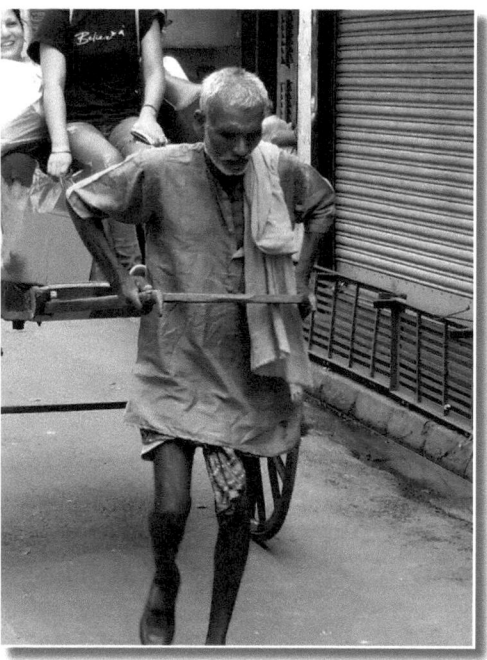

44

Viktoria Memorial

Obwohl es mit seiner exponierten Lage kaum zu übersehen ist, hat es uns eine Weile der Orientierung aus dem Verkehrschaos der Stadt heraus gekostet, bis wir vor der Eintrittspforte des Viktoria Memorials stehen.

Einmal eingetreten, die Pforte durchschritten und ein paar Meter den Weg durch den Park entlang zum Memorial gelaufen, hat es den Anschein, als sei man in einen Exerzitienraum getreten. So, als habe man eine Panzertür hinter sich verschlossen, um den tosenden Lärm und die Hektik des bengalischen Alltags einfach abzuschneiden und auszusperren. Mit der inneren Ruhe und Gelassenheit eines Yogis wandeln wir durch den paradiesisch anmutenden Park mit riesigen englischen Rasenflächen, in dem sich ein paar Gleichgesinnte zu verlieren scheinen. Das Grau des Monsuns hat Platz für einen azurblauen Himmel gemacht, was den Eindruck verstärkt, man sei dem Garten Eden ein großes Stück näher gekommen. Inmitten der Grünflächen steht das prächtige schneeweiße Viktoria Memorial, die Queen in staatsmütterlicher Pose davor auf ihrem Thron sitzend. Lange Zeit war sie die Regentin mit der längsten Regierungszeit von 1837 bis 1901, bis sie vor kurzem von Queen Elisabeth abgelöst wurde. Die größte Macht Englands zu ihrer Regierungszeit, sowohl in politischer wie auch in ökonomischer Hinsicht, trug ihr den Titel Kaiserin von Indien ein, den sie von 1876 bis 1901, dem Jahre ihres Todes, führte.

Das Unfassbare erfahren wir einige Wochen später, als wir den Mable Palast im Norden Kalkuttas besichtigen. Das klassizistische Gebäude ist Mitte des 19. Jahrhunderts von Raja Rajenda Mullick, einem wohlhabenden bengalischen Kaufmann, erbaut worden. Es enthält Kunstschätze aus europäischen Ländern. Marmor aus Italien, einen echten Rubens aus Belgien, Porzellan aus Meißen und vieles mehr. Der sympathische indische Kunststudent, der uns durch den Palast führt, klärt uns vor einem Gemälde mit dem Abbild von Queen Viktoria darüber auf, was wir nicht glauben wollen: Die Kaiserin von Indien hat nie indischen Boden betreten.

Im Inneren des Viktoria Memorials ist die Kolonialgeschichte Indiens, geprägt von den Portugiesen, Niederländern, Franzosen und natürlich von den Briten, dargestellt, der hintere Teil widmet sich indischen Persönlichkeiten, wie Rabindrath Tagore, dem indischen Nobelpreisträger für Literatur und anderen Größen der ehemaligen Hauptstadt des indischen Subkontinents. Die Briten hatten Kalkutta zur Kapitale gemacht, da Bengalen reich an Naturschätzen, Seide und Baumwollfabrikaten war. Anfang des zwanzigsten Jahrhunderts war Kalkutta die zweitgrößte Stadt des Britischen Imperiums.

SEKUNDENGLÜCK

Auf dem Weg nach Bojerat bei strömendem Regen muss ich in unserem Krankentransporter ab und zu die Augen verschließen. Nicht, weil ich noch müde bin, sondern weil ich bei den rasanten Überholmanövern unseres Fahrers nicht hinschauen kann, wie er im letzten Moment mal wieder die Kurve kriegt.

Es ist gut, dass ich heute zum ersten Mal meine Camino Boots angezogen habe, denn nach eineinhalb Tagen Dauerregen ist die Wiese vor unserer Ambulanz derartig aufgeweicht, dass wir beinahe im Boden versinken.

Eine Mutter sitzt mit ihrem zweieinhalb Jahre alten Jungen auf dem Schoß vor mir. Auf Grund eines hypoxischen Hirnschadens leidet er an einer Epilepsie, die medikamentös nicht gut eingestellt ist, das heißt er krampft immer noch täglich. Eine Vorstellung auf einer neurologischen Abteilung ist somit unvermeidbar. Kaberi holt einen weißen Befundbogen hervor und fordert mich auf: „Please write: Dear Doctor…" Dann muss ich ja wohl. Aus welchen verborgenen Hirnwindungen ich das nötige englische Vokabular für den Konsiliarbericht hole, weiß ich nicht, aber irgendwie bekomme ich es hin.

Monika schickt mir einen vierjährigen kardiologischen Patienten herüber. So wie der Junge in der Ambulanz herumturnt, sieht er zumindest auf den ersten Blick nicht besonders dekompensiert aus. Er hat schon viele Ärzte gesehen und weiß, wie er mit denen umgehen muss. Angst scheint er nicht zu haben. Vielleicht freut er sich auch nur, dass es ihm so gut geht. Die Familie bringt einiges an Befunden mit. Die Diagnosen lauten: Obstruktive Kardiomyopathie, Mitralklappenfehler und Ventrikelseptumdefekt. Vor fünf Monaten ist er operiert worden. Trotz der umgebenden Geräuschkulisse ist das laute Systolikum nicht zu überhören. Der Infekt, den er heute hat, ist banal. Ich entlasse ihn mit einem Traubenzuckerbonbon. Kaberi fragt mich, ob sie seinem Vater auch ein „Chocolate" geben dürfe. Der Kleine habe darum gebeten. Nach dem Erhalt steckt der Vater es ihm direkt in seine Hemdtasche. Ein eingespieltes Team.

Der fünfzigjährige Mann mit dem langen schwarzen Bart kommt, um sich seine Medikamente abzuholen. Er habe ein besonderes Anliegen, erklärt mir Kaberi. Er wolle eine Pilgerfahrt in die Nähe von Dehli machen. Diese würde etwa acht Wochen in Anspruch nehmen. Die Regeln bei German Doctors lauten jedoch, dass nicht mehr als vier Medikamente und diese auch nur für maximal vier Wochen herausgegeben werden dürfen. Ich könne aber eine Ausnahme machen, sagt Kaberi. Dafür muss ich meine schriftliche Zustimmung geben. Nachdem ich unterschrieben habe, strahlt der Mann über das ganze Gesicht, bringt seine Hände zur Körpermitte und verneigt sich vor mir. Herbert Grönemeyer singt vom Sekundenglück. Dieses ist so eines. Für uns beide!

Der Mann mittleren Alters breitet alle seine bereits vorhandenen Befunde vor mir aus. Da er hustet, setzen wir – Kaberi und ich - uns rasch eine Maske auf. Sicherlich keine unsinnige Entscheidung, denn auch das zuletzt verordnete Antibiotikum hat nicht zu einer Besserung geführt, sodass vieles für eine TBC spricht. So nebenbei erwähnt er am Ende, dass er noch eine Schwellung im Unterbauch habe. Ich vermute einen geschwollenen Lymphknoten. Was ich dann aber zu sehen bekomme, jagt mir einen Schrecken ein. Ich sehe einen mehr als faustgroßen fluktuierenden Tumor im Bereich der rechten Leiste - vermutlich ein Senkungsabszess, das heißt eine Ansammlung von Eiter, der sich entlang bestehender anatomischer Strukturen von einer weiter kranial (oben) befindlichen Körperregion nach kaudal (unten) hin gesenkt hat. Da steche ich mit Sicherheit nicht hinein. Ich schicke ihn umgehend ins Krankenhaus. Wahrscheinlich wird man dort den endgültigen Nachweis für eine Tuberkulose finden.

Auf dem Rückweg haben sich mitten auf der Landstraße drei schlanke Kühe niedergelassen. Sollte es mit suizidaler Absicht geschehen, stehen die Chancen auf Erfolg schlecht. Sie rühren sich keinen Millimeter von der Stelle. Auch wenn der Verkehr von beiden Seiten erheblich ist - alle Autos fahren langsam heran und vorsichtig um die Kühe herum, um danach wieder auf's Gaspedal zu drücken.

Meine Kollegen erzählen mir gerade, dass eine Einladung von Herrn Dr. Feiner von der Deutschen Botschaft anlässlich der Feierlichkeiten zum Nationalfeiertag am dritten Oktober eingetroffen ist. Da muss ich wohl passen. Ich habe meinen Anzug vergessen!

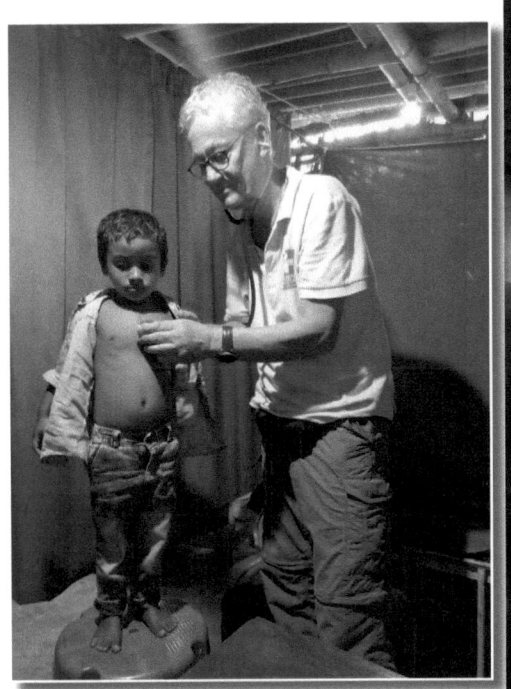

ÜBERLEBENSKAMPF

Beim Abstempeln vor der Ambulanz sehe ich ein schwer krankes Mädchen. Sie kann nicht auf den eigenen Beinen stehen. Man hat sie auf eine Holzkarre gelegt. Unverzüglich setzen wir ihr eine rote Kappe auf und beeilen uns beim Erfassen der seit Stunden wartenden Patienten.

Gestützt durch die Großmutter schleppt sich das Mädchen in Sandros Ambulanzraum. Mein Schweizer Kollege holt mich dazu. Die junge Patientin ist 14 Jahre und wiegt bei einer Größe von 160 cm gerade noch 24 kg. Arme, nicht viel dicker als Gartenschläuche. Jetzt ist auch noch hohes Fieber dazugekommen. Aus ihren halonierten Augen schaut uns Jasmina - so heißt sie - ängstlich an. Zumindest ist sie bei Bewusstsein, sodass wir nicht notfallmäßig einen Zugang legen müssen. Eine Einweisung in ein staatliches Krankenhaus lehnt die Familie ab, da sie dort schlechte Erfahrungen gemacht habe. Um ein wenig mehr Klarheit zu bekommen, lässt Sandro ein Röntgenbild des Thorax hier in der Nähe anfertigen. Der Fahrer ist rasch wieder zurück mit ihr. Die Aufnahme der Lunge zeigt Infiltrate. Ob es sich um eine Tuberkulose handelt, vermögen wir nicht sicher zu sagen. Auf jeden Fall ist von einer Pneumonie auszugehen. Wir verabreichen ihr eine erste Dosis eines Breitspektrum - Antibiotikums und können die Eltern überzeugen, sie zunächst einmal auf unsere Tuberkulosestation am Howrah South Point zu bringen. Dann kümmern wir uns um die verbliebenen Patienten.

Der Mann vor mir sieht ganz schön mitgenommen aus: Monokelhämatom, Unterschenkelgips, den er in einem auswärtigen Krankenhaus angelegt bekommen hat und multiple Schürfwunden. Er sei gefallen, übersetzt mir Kaberi. Ich halte mich nicht länger mit Fragen nach der Ursache auf, sondern konzentriere mich gleich auf die Untersuchung. Dabei überprüfe ich Sensibilität, Motilität und Funktion, verschreibe ihm ein paar Painkiller, vereinbare einen Termin zur Gipskontrolle und schicke ihn wieder hinaus. Wie ein Schwerstbehinderter rutscht er auf dem Boden davon. Zehn Minuten später liegt er wieder vor mir. Ich habe vergessen, etwas mitzugeben. Tatsächlich haben wir hölzerne Gehhilfen im Fundus, die wir herausgeben dürfen. Ich staune nicht schlecht, wie geschickt der „Behinderte" sich damit aus der Ambulanz bewegt.

Bei dem Mann um die Vierzig, der sich bereits in der letzten Woche bei mir vorstellte und jetzt wieder da ist, stoße ich an diagnostische Grenzen. Er klagt über Brustschmerzen auf der linken Seite. Schnell wird klar, dass es sich nicht um pektanginöse Beschwerden handelt, sondern um Muskelschmerzen. Man braucht keine Lupe, um zu erkennen, dass der linke Musculus pectoralis deutlich verdickt ist. Mehr aus Verlegenheit heraus hatte ich eine Ultraschalluntersuchung angeordnet. Der Befund, der mir jetzt vorliegt, ist nichtssagend. Ich bitte den Mann, seine Arme zu heben. Ein völlig unterschiedlicher Sehnenverlauf auf beiden Seiten wird deutlich. Die logische Folgeuntersuchung wäre ein MRT, auch um ein Rhabdomyosarkom (bösartiger Muskeltumor) auszuschließen. Dieses ist aber im Budget der German Doctors nicht vorgesehen. Es bleibt mir nichts anderes übrig, als ihm lediglich Schmerzmittel mitzugeben.

Während die Mitarbeiter die Utensilien aus der Ambulanz zusammenpacken und in die Krankentransporter bringen, gehe ich noch einmal kurz um die Häuser, um die Umgebung zu erkunden. So notdürftig, wie die Menschen hier leben, ist die Bezeichnung Behausung sicherlich passender. Man findet es scheinbar nicht befremdlich, dass ich mich hier umsehe, sondern fordert mich gar auf, ein Foto zu machen. Dabei kann ich einen verstohlenen Blick in ein Zimmer werfen. Unglaublich, wie viele Personen sich hier einen Raum teilen. Dennoch: Sie haben zumindest ein wenig Privatsphäre. Die Ärmsten der Armen schlafen unter Brücken und finden nur hinter einer provisorischen Plane ein wenig Schutz. Jeden Morgen, wenn wir zu unserer Ambulanz herausfahren, werden wir Zeugen davon, wie sie aus ihren Verschlägen kriechen und sich auf den neuen Tag vorbereiten. Ein vierjähriger Junge entledigt sich seiner Notdurft, die deutlich erkennbar diarhöischen Charakter hat. Ein paar Meter weiter putzt sich eine junge Frau die Zähne. Wie mag dieser Tag wohl für sie aussehen? Kann es etwas geben, was diese Menschen glücklich macht?

Wie immer dämmern alle – die indischen Mitarbeiter eingeschlossen - bei der Rückfahrt auf den harten Sitzen des Krankentransporters ein, die Augen auf Halbmast oder ganz verschlossen. Mehr noch als sonst werden wir von Zeit zu Zeit unsanft geweckt, wenn Jackson, unser Fahrer durch tiefe Schlaglöcher brettert. Der anhaltende Regen hat seine Spuren hinterlassen. Zwischendurch wechseln Rupienscheine von vorne nach hinten und umgekehrt. Uns fällt es schwer, das Spiel zu durchschauen. Als Jackson das Auto an den Straßenrand fährt, sind wir schlauer. Eine der Damen springt raus und besorgt Streetfood: Teigtaschen mit Gemüse gefüllt in einer Chilisauce, eingelassen in getrocknete Bananenblätter. „Cook it, boil it, peal it or leave it", hieß es einmal. Bei allen Grundsätzen - schon aus Höflichkeit wäre es nicht möglich gewesen, die freundlichen Gaben zu verweigern. Ohnehin wäre es jammerschade gewesen, denn diese Snacks sind das kulinarische Highlight des Tages.

Bei unserer Ankunft im Howrah South Point schauen Sandro, Monika und ich sofort nach, wie es Jasmina geht. Sie ist verlegt worden. Mehr erfahren wir nicht. Hoffentlich kommt sie durch!

Das WIFI in meinem Zimmer verheißt Gutes. Ich erhalte eine Nachricht von meinen Praxis - Mitarbeitern aus Bocholt. Mandy und Carmen schreiben begeistert von meinem Vertreter. „Du brauchst Dir keine Sorgen machen, mit Bernd läuft es hervorragend, könnte nicht besser sein." Auch Bernd schreibt mir: „Es macht Spaß in der Praxis. Deine Mitarbeiter lesen mir jeden Wunsch von den Lippen ab."

GANESHA

Ein fröhlicher Arbeitstag geht zu Ende. Nette, gelöste Stimmung, keine Katastrophen, als
Bonbon zum Abschluss für mich noch ein kleines Erfolgserlebnis.
Wir haben schon unsere Arbeitsutensilien zusammengeräumt, als Monika mich bittet, noch
ein weinendes Kind anzuschauen. Das vierjährige Mädchen sei gefallen und habe sich dabei
den Arm verletzt. Grundsätzlich habe ich den Eindruck, die Kinder schreien und weinen hier
weniger als bei uns in der Praxis. Dieses Mädchen muss sich demnach heftig weh getan haben. Wie es so vor mir steht mit dem herabhängenden rechten Arm drängt sich eine Frage auf:
Kann es sein, dass sie gar nicht gefallen ist, sondern der Arm andersartig manipuliert wurde?
Kaberi übersetzt mir, dass die Kinder sich bei einem Spiel festgehalten und dann schnell gedreht hätten. Ok, dann weiß ich, was ich zu tun habe. Ich nehme den Arm des Mädchens in die
Hand, ziehe kurz und heftig und drehe ihn in Supinationsstellung. Danach folgt üblicherweise
der Gummibärchentest. Leicht abgewandelt als Traubenzuckertest, stelle ich erleichtert fest,
dass sie das Ärmchen wieder heben kann und nach dem Traubenzucker greift. Eine Chassaig-
naclähmung, die durch das Repositionsmanöver schnell behoben werden kann.
Wir lassen uns in der Stadt aus dem Auto absetzen und fahren mit der Metro ein paar Stationen bis zur Mahatma-Gandhi-Road. Unser Ziel ist die College-Street. Auf dem Weg dorthin
haben wir noch eine Aufgabe zu erledigen. Während Monika und ich unser German Doctor-
Shirt bereits durch ein ziviles Textil getauscht haben, führt Walter immer noch seine Arbeits-
kleidung durch die Menschenmassen, da er ein Hemd zum Wechseln vergessen hat. Was liegt
näher, als in eines der vielen kleinen Kleidungsgeschäfte zu gehen und ein Neues zu kaufen?
Es hat den Anschein, der Verkäufer fühlt sich eher belästigt und würde lieber weiter an seinem
Mobiltelefon spielen, als das Geschäft seines Lebens zu machen. Dennoch dauert es nur ein
paar Minuten und Walter ist stolzer Besitzer eines hellblauen, modisch geschnittenen Baum-
wollshirts. Die beiden oberen Knöpfe geöffnet, kommt er ein wenig wie ein Partylöwe daher.
Bücher, Bücher, Bücher, über hunderte von Metern reiht sich auf der College-Street ein Stand
neben den anderen, vollgepfropft mit Büchern, teilweise ordentlich einsortiert in Regalen, teilweise gestapelt auf dem Boden liegend oder auf Ablagen angehäuft. Wie will man da gezielt
das passende Buch finden? Ich habe den Gedanken noch nicht zu Ende gedacht, da fällt mir
ein Buch vor die Füße, das ich schon seit geraumer Zeit suche und das ich sogar schon in einem
meiner Jakobswegbücher zitiert habe, obwohl ich nur einen bemerkenswerten Artikel darüber
gelesen hatte: Miracle Morning von El Harod. Zufall? Es scheint fast so, als habe Ganesha, der
Glücksgott mit dem Elefantengesicht seine Hand im Spiel (der Mythologie nach schlug Shiva

seinem Sohn im Zorn den Kopf ab und ersetzte ihn durch den Kopf des ersten dahergelaufenen Lebewesens. Dieses war ein Elefant).

Zwischen den Bücherständen befindet sich der Eingang zur Universität. Davor Menschen mit Plakaten, auf denen das Bild eines bekannten Gesichtes abgelichtet ist: Greta Thunberg. Wenn dieses Häuflein Aufständischer am Weltumwelttag repräsentativ für Indien ist, dann wird es wohl noch ein paar Jahre dauern, bis der Müll von den Straßen ist.

Das berühmte Indian Coffee House steht noch auf unserem Plan. Wie das so mit der Phantasie ist: Ich hatte es mir von außen größer, exponierter vorgestellt. Eher zurückhaltend und schüchtern steht es zwischen den vielen Verkaufsläden. Dennoch haben wir keine Mühe, es zu finden. Beeindruckend und gleichzeitig befremdlich sind die zwanzig Elektrokästen am Eingang aus denen unzählige offene Leitungen rein und raus gehen. Der erste Eindruck beim Eintreten in den Saal: Wiener Kaffehausatmosphäre auf Indisch. Menschen aller Altersgruppen sitzen an kleinen Tischen und unterhalten sich angeregt miteinander und nicht jeder für sich mit seinem Handy. Der Raum ist gut gefüllt, aber nicht erdrückend. Ober in weißer Einheitskleidung mit schwarzem Gürtel, mit einer weißen kochmützenähnlichen Kopfbedeckung behütet, bedienen höflich, dezent und nicht aufdringlich. Es darf geraucht werden. Die Lautstärke ist angemessen, jedenfalls nicht vergleichbar mit dem Lärm da draußen. An der Hinterwand überwacht unauffällig der große Literat Rabindranth Tagore aus seinem Rahmen heraus das Geschehen. Außer Kaffee gibt es auch Snacks. An unserem Nachbartisch werden „vegetable fried nodles" verspeist. Meine Wahl steht fest. Auch wenn Exotischeres lockt… It´s Pasta Time!

Die Fahrt nach Hause mit dem gelben Taxi gleicht einer Stadtrundfahrt. Da die Straßen mal wieder überfüllt und teilweise verstopft sind, können wir aus dem geschützten Taxiinneren das bunte Treiben auf den Straßen, in den kleinen Läden und den Hütten beobachten. Über die Howrah Brücke am Ufer des Hoogly entlang dauert es weit mehr als eine Stunde für elf Kilometer bis wir vor unserer Einfahrt stehen. Ich sitze vorne und bereite mich auf das Bezahlen vor. Dabei hole ich einen 500-Rupienschein aus meinem Gürtel und lege das Handy für einen Moment an die Seite. Nach dem Bezahlen stehen wir schon draußen, als ich mich irgendwie nackt fühle. Oh Gott – 100000 Volt strömen durch meinen Körper. Das kleine schwarze Ding liegt noch im Auto. Der Fahrer hat schon den Gang eingelegt. Aber er öffnet noch einmal die Tür. Es bleibt das Gefühl, ich habe Ganeshas Gunst heute überstrapaziert. Es sollte mir eine kleine Spende für den Elefantengott wert sein.

EXCLUSIVE
STALL NO. 12
ICSE, ISC, CBSE,
H.S. B.A, B.Com,
SHOP NO. 13
MEDICAL
HOMOEOPA
ENGINEER
MEDICAL
BIO-SCIENCE
C.B.S.E, I.S.C, I.C.S.E
B.A, B.COM, B.S.C

We are at the beginning of a mass extinction and all you can talk about is money and fairy tales of eternal economic growth. How dare you!"
SFI
GLOBAL CLIMATE STRIKE
Save our Planet, Save our future

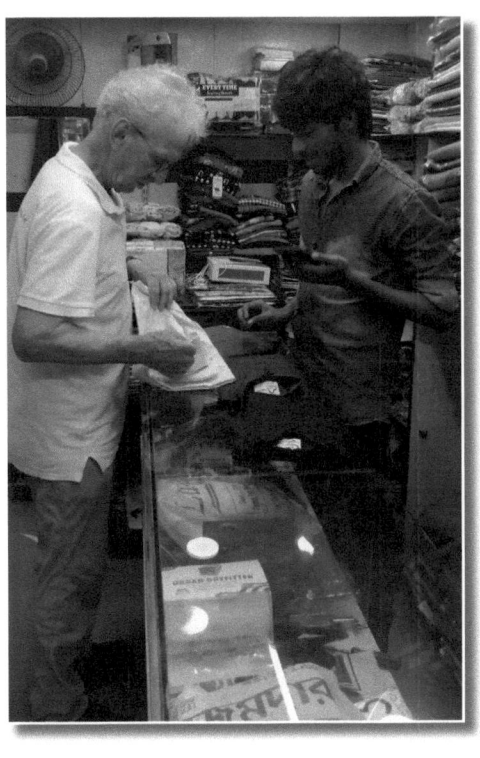

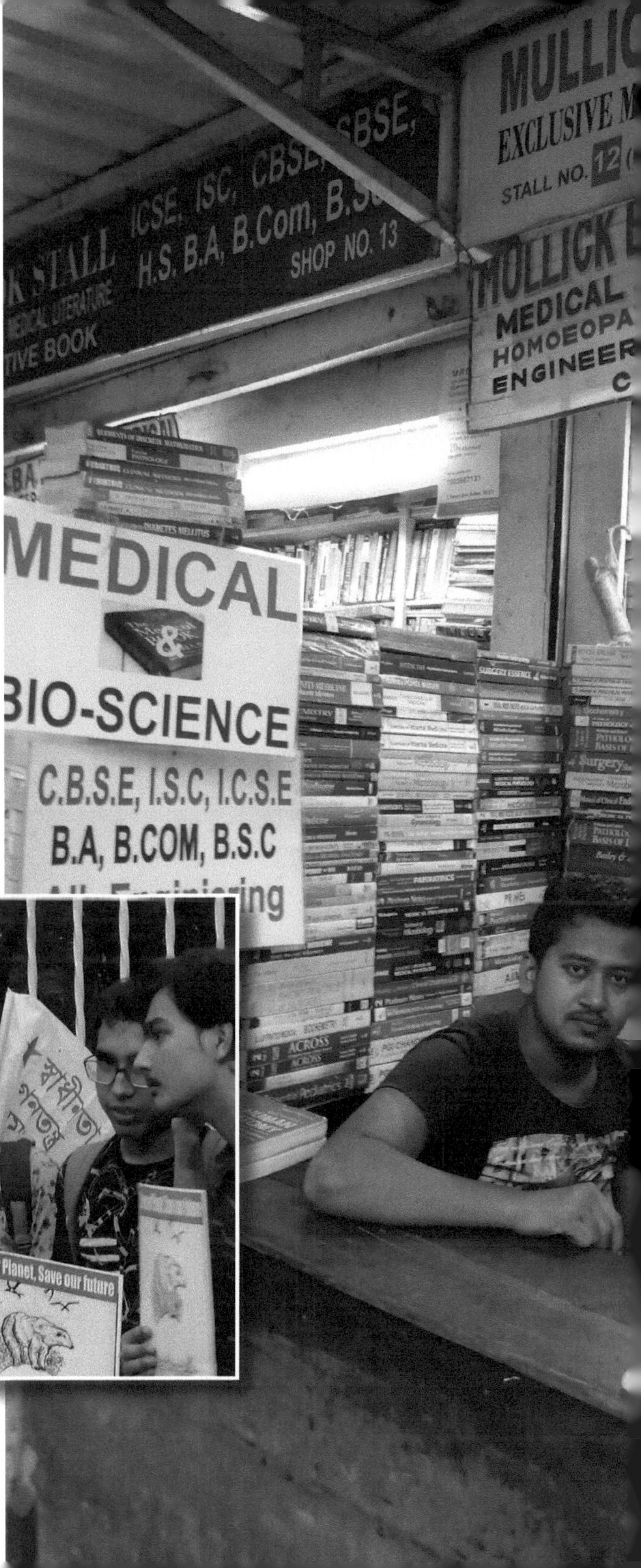

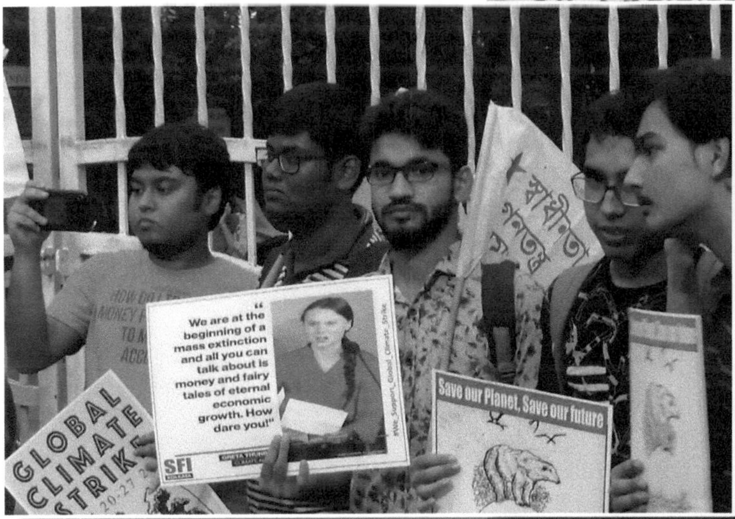

MÄNNERTAG

Vier German Doctors machen sich auf den Weg. Bemerkenswert ist, dass von den Vieren nur ein einziger als Real German Doctor bezeichnet werden kann. Es macht keinen Unterschied. Im Gegenteil: Für mich ist der Austausch mit meinen sympathischen Kollegen aus der Schweiz und aus Belgien eine Bereicherung.

Vinzent, einer unserer Fahrer, begleitet uns im Bus. Unser Ziel ist das Howrah State Hospital. Die Zustände hier sind nur sehr schwer zu verdauen. Im Flur liegen rechts und links gebrechlichen Menschen mit ihren Infusionsschläuchen auf einer Decke oder gar auf dem nackten Boden. Ein kleines Mädchen erbricht Galle auf dem Arm der Mutter. Nur durch eine schmale Schneise können wir uns zwischen den Patienten einen Weg bahnen, um in das eigentliche Krankenzimmer zu gelangen. Vielleicht fünfzig oder noch mehr Menschen liegen hier kreuz und quer durcheinander: Alte Männer, die ohne Mundschutz husten, schlafende oder bewusstseinsgetrübte Frauen und Männer, eine erschöpfte Mutter mit ihrem sterbenden Kind. Um sie herum Angehörige. Ich kann jetzt verstehen, warum die Eltern von Jasmina nicht in ein staatliches Krankenhaus wollten. Für Sandro und mich ist klar, dass wir, wann immer es möglich ist, die Einweisung in ein staatliches Krankenhaus vermeiden werden. Schweigend verlassen wir das Hospital.

Sollen wir uns noch ein weiteres Krankenhaus antun? Zur Debatte steht das Lord`s Hospital, nicht weit entfernt von hier. Wir erreichen es mit dem Tuc Tuc. Gleich beim Eintritt begrüßen uns Schwestern und händigen uns einen Mundschutz aus. Es gibt Vierbettzimmer, die einen sauberen Eindruck machen. In dem Raum, den wir betreten, liegen ausschließlich Frauen. Kein Chaos auf den Fluren, sondern - wie es scheint - geordnete Strukturen. Welch ein Unterschied zu dem, was die Patienten ertragen müssen, die dort liegen, wo wir vor einer halben Stunde waren. Das Lord´s Hospital ist ein privates Krankenhaus, in das wir Patienten auf Kosten von German Doctors einweisen dürfen, wenn sie so krank sind, dass sie nicht mehr ohne Hilfe gehen oder stehen können. Ein Kaiserschnitt kostet z. B. umgerechnet 25 Euro.

Wir nehmen erneut das Tuc Tuc und lassen uns zum Ghat an der Howrah Station bringen. Ein Ghat ist der Zugang zum Fluss, in unserem Fall die Anlegestelle für die Fähre über den Hoogly nach Kalkutta. Auf die Ferry wartend trifft uns die volle Wucht des Monsuns. Er fegt uns geradezu um die Ohren. Während der Überfahrt hört der Regen auf und wir können, zwar mit nassen Füßen, aber ohne geöffneten Regenschirm den Hoogly entlanglaufen. Für umgerechnet 35 Cent gönnen wir uns alle einen Teller vegetable fried noodles und dazu ein kaum genießbares alkoholfreies Bier. Es schmeckt nach allem, nur nicht nach Bier. Anders die frisch in der Pfanne zubereiteten Nudeln: Delicious.

Mehr zufällig stehen wir plötzlich vor der John`s Church, die erste von der East India Company erbaute Kirche, nachdem Kalkutta Hauptstadt von British India wurde. Das Innere der Kirche ist relativ uninteressant, es hinterlässt eher durch etwas nicht-sakrales Eindruck: Auf einem fünf Meter hohen Gerüst gehen drei waghalsige Inder ungesichert ihrer Arbeit nach. Auf dem Terrain der Kirche befindet sich noch ein Denkmal, das die Briten für ihre 200 Landsleute erbaut haben, die 1868 nach einer Untat der Kolonialherren durch einen Racheakt der Bengalen zu Schaden kamen. Sie waren in eine Höhle geworfen worden, die nur durch winzige Fensterschlitze belüftet wurde. Das berüchtigte Black Hole befand sich auf dem Gelände des Fort Williams, dort, wo heute das General Post Office steht. Nur neunzehn Briten verließen die Höhle lebend. Alle anderen waren erstickt.

Ich bin der, der unbedingt ins Oberoi, auch Grand genannt, will. Was liegt da näher, als dass ich meine Kollegen zu einem Kaffee oder Cocktail dorthin einlade. Aus dem Gedränge auf der Esplanade begeben wir uns in die Einfahrt zu dem Luxushotel. Vor dem Einlass werden wir freundlich aufgefordert, unsere Taschen und Rucksäcke wie auf dem Flughafen durchleuchten zu lassen. Die riesigen Kristallkronleuchter und der Marmorboden im Entree verbreiten zwar Luxus, aber keine Wärme. Dafür ist die Klimaanlage auch wieder einmal einen Tick zu weit heruntergedreht worden. Am Ende sind wir froh, uns wieder der feuchten Hitze aussetzen zu dürfen. Mehrere Angestellte in schicken schwarzen Maßanzügen und eleganten weißen Lungis mit und ohne Turban kümmern sich um unser Wohlergehen. Wir werden in eine Bar geführt, in der wir unsere Getränke einnehmen. Der Gipfel der Dekadenz befindet sich auf den Toiletten. Unter jedem Pissoir ist ein weißer Teppich ausgebreitet. Und der ist tatsächlich noch blütenweiß! An Personal wird nicht gespart im Oberoi. Vermutlich steht schon ein unsichtbarer Geist hinter mir, um den Teppich auszutauschen. Sehr verlockend ist der palmenumsäumte Swimmingpool. Das wäre eine angemessene Erfrischung! Wir aber mischen uns nach diesem Ausflug in eine andere Welt wieder unter das einfache und laute Volk.

Unsere letzte Station in Kalkutta für heute ist die Blue and Beyond Bar im neunten Stock des Lindsay Hotels am New Market. Im Foyer hängen Fotos von Persönlichkeiten, die das Etablissement besucht haben. Auf einem Bild erkenne ich Subhash Chandra Bose, der hier in Kalkutta besonders verehrt wird, mit Heinrich Himmler und anderen Nazi – Schergen. Bose war Oberbürgermeister in Kalkutta und gehörte wie Gandhi der INC an.

Im Gegensatz zu Gandhi wollte er die Unabhängigkeit Indiens mit militärischen Mitteln erreichen und versuchte dafür vergeblich Hitler zu gewinnen.
Kurz bevor es dunkel wird, haben wir von der Terrasse des Blue and Beyonds eine grandiose Aussicht auf die Stadt der Freude.

Psychosomatisch

Der Muezzin hat heute Überstunden gemacht: noch lauter, noch früher. Wenn es so ist, wie Walter es beschrieb, dass sein Rufen an das Jammern von Menschen mit Bauchschmerzen erinnert, dann leidet er gerade an Typhus oder Cholera. Ich stelle meine Schlafbemühungen um vier Uhr ein.

Dennoch: Ich freue mich auf meine Arbeit und die Menschen draußen in der Ambulanz. Ein wenig Routine ist eingekehrt. Fast kommt es mir vor, als würde ich montagmorgens in die Praxis fahren.

Ein zweieinhalb Jahre altes Mädchen mit zerebralen Krampfanfällen, das sich auf dem motorischen Entwicklungsstand eines neun Monate alten Säuglings befindet, überweise ich in die Neurologie. Ansonsten die üblichen Kinderkrankheiten, wie auch bei uns zu Hause : Cold, Cough, Fever, leichte Durchfallerkrankungen und eine eitrige Otitis media mit perforiertem Trommelfell. Der nächste Fall könnte dem Lehrbuch für Psychosomatik entnommen sein: Die zwanzigjährige Frau legt uns MRT Befunde vom Hirn vor, die sie privat hat anfertigen lassen, da sie über Wochen starke Kopfschmerzen hatte. Das MRT zeigt keine Auffälligkeiten. Die Kopfschmerzen seien in der Folge kaum mehr aufgetreten. Stattdessen habe sie häufiger Bauchschmerzen gehabt. Auch hier hat sich kein pathologischer Befund ergeben. Jetzt klagt sie über Luftnot. Ich bin sicher, dass sie die Angst, nicht genügend Luft zu bekommen, spürt. Genauso sicher bin ich jedoch, dass ich keine weiteren apparativen Untersuchungen anordnen werde. Ich führe lediglich eine thorakale Auskultation durch und bestätige ihr, dass Herz und Lunge unauffällig sind. Es genügen wenige Fragen, um ihr Problem aufzudecken - das klassische indische Dilemma: Die junge Frau ist seit zwei Jahren verheiratet und noch immer nicht schwanger geworden. Ich bemühe mich, sie über die psychosomatischen Zusammenhänge aufzuklären und schicke sie in das Nachbarzimmer zu unserer Gynäkologin.

Das 17jährige außergewöhnlich hübsche Mädchen sitzt bereits zum dritten Mal innerhalb meiner ersten zwei Wochen in Kalkutta vor mir. Als sie in der letzten Woche wie zuvor über Schmerzen über dem Brustbein klagte und ich erneut weder über dem Sternum noch parasternal Auffälliges ertasten konnte, habe ich sie mehr aus Verlegenheit heraus - allerdings mit einer kleinen spekulativen Hoffnung – zum Röntgen Thorax geschickt. Nun zeigt sie mir das Röntgenbild, das erwartungsgemäß ohne Befund ist. Eines kommt mir bei meinem Aufklärungsgespräch sehr entgegen: sie versteht Englisch, sodass ich sie direkt ansprechen kann. Ich nehme mir mehr Zeit als sonst, um ihr klarzumachen, dass die Röntgenaufnahme in Ordnung sei, dass sie somit davon ausgehen könne, völlig gesund zu sein. Mit ihren wachen braunen Augen schaut sie mich an, als wolle sie sagen: „Danke Doktor. Warum nicht gleich so?" Und sie strahlt über das ganze Gesicht. Meine Spekulation ist aufgegangen. Die Röntgenaufnahme hatte in diesem Fall keinen diagnostischen, sondern einen therapeutischen Wert.

Kaberi ist wie immer gut gelaunt. Der nächste Fall sei etwas für den private room, sagt sie. Dabei grinst sie in sich herein, weiß sie doch genau, dass wir gar keinen private room haben. Es ist nichts anderes, als die vornehme Umschreibung einer Angelegenheit, die unter Männern zu klären ist. So gut es möglich ist, verstecke ich mich mit dem Mann hinter einem Vorhang und schaue mir seine Problemzone diskret an: Nichts dramatisches, ein Erythrasma (bakterielle Entzündung an der Innenseite des Oberschenkels), das sich voraussichtlich gut antibiotisch behandeln lässt.

Meinerseits bringe ich Kaberi zum Schmunzeln, als ich sie bitte, sie möge die etwa dreißigjährige Frau fragen, ob sie einen netten Mann habe. „Yes she has", antwortet sie und dabei beobachte ich, wie auch bei der jungen Inderin die Mundwinkel geliftet sind. Zu Hause scheint also alles in Ordnung zu sein. Dann wäre es doch keine schlechte Idee, wenn der Husband nach getaner Arbeit eine Nackenmassage mit Coconutoil durchführen würde, schlage ich vor. Wie viele Frauen klagt sie über Rückenschmerzen, entweder als lower Backpain oder im Bereich des Nackens. Verhärtungen in der paravertebralen Halswirbelsäulenmuskulatur lassen sich ertasten.

So leicht komme ich bei der nächsten Patientin nicht davon. Ihre Nackenmuskulatur ist extrem verspannt. Sie klagt außerdem über Schmerzen im Epigastrium. Ihr ganzer Habitus drückt Leid und Erschöpfung aus. Als sie dann noch angibt, sie könne schlecht schlafen, hake ich genauer nach. „Gibt es irgendetwas, insbesondere in Ihrer Familie, was nicht in Ordnung ist?", möchte ich von ihr wissen. Während Kaberi meine Frage übersetzt, füllen sich die traurigen Augen der Frau mit Tränen. Scheinbar habe ich in ein Wespennest gestochen. Ja, ihr Mann verspiele das wenige Geld, das er als Schneider verdiene, sagt mir Kaberi. Ich kann ihre familiären Probleme nicht lösen, aber ich habe überhaupt keine Bedenken, ihr ein trizyklisches Antidepressivum aufzuschreiben. Und ich möchte wissen, ob es wirkt und bestelle sie daher in vier Wochen wieder ein. Dann bin ich zwar nicht mehr in Kalkutta, aber mein Nachfolger kann es bei Bedarf weiterverordnen.

Es gibt noch eine gute Nachricht. Jasmina, das schwerkranke Mädchen ist bei uns im Puspa Home gelandet. Sie wird tuberkulostatisch behandelt. Es geht ihr noch nicht gut, aber etwas besser. Sie freut sich über unseren Besuch.

NOTFALL

Meine Übersetzerin Kaberi ist krank. C:C:F: Cold, Cough, Fever. Dennoch lässt sie mich nicht im Stich und steht mir auch heute zu Diensten bereit. Kaberi ist eine Perle.

Mittlerweile bin ich mit den Abläufen und einer sinnvollen Vorgehensweise bei unseren Patienten vertrauter. Ich denke auch selbst daran, dass Kinder in einem bestimmten Alter Vitamin A zur Prophylaxe von Erblindung sowie Zink erhalten und grundsätzlich jeder in gewissen Abständen das Wurmmittel Albendazol verordnet bekommt.

Das Röntgenbild, das mir ein achtundzwanzigjähriger Patient vorlegt, zeigt eine leicht dislozierte Tibiafraktur (Schienbeinbruch). Er sei Taxifahrer und Mitte August in einen Autounfall verwickelt worden, sagt er. Immer noch habe er Schmerzen beim Laufen. Ich lasse ihn ein paar Schritte gehen. Es sieht flüssig aus, kein Hinken. Reflexmäßig hätte man nach sechs Wochen bei uns sicherlich eine Röntgenkontrolle anfertigen lassen. Für einen Moment denke ich auch daran. Dann aber frage ich mich: Was bringt`s? Konsequenzen würde die Kontrolle definitiv nicht nach sich ziehen. Also lasse ich es und kläre den Mann ausführlich auf. Ich mache ihm an Hand des Röntgenbildes klar, dass es völlig normal sei, dass sechs Wochen nach dem Unfall bei stärkerer Belastung noch Schmerzen bestünden und wenn er tausend Mal am Tag mit dem Bein die Kupplung betätige, sei es kein Wunder. Aber ich könne verstehen, dass er mit dem Taxifahren sein Geld verdiene. Der Heilungsverlauf sei insgesamt sehr gut. Er solle halt ansonsten das Bein weniger belasten und ab und zu wäre auch eine Ibuprofen-400-Tablette erlaubt. Insgesamt könne er damit rechnen, dass es im Laufe der Zeit immer besser würde. Ich habe den Eindruck, dass er die Ambulanz zufrieden verlässt.

Wie fast immer, erleben wir auch Amüsantes, nämlich, als ich Kaberi bitte, die Frau in der Menopause mit den vier Kindern zu fragen, wie alt sie sei. Sie antwortet: Zwanzig. Wir müssen beide fast laut lachen.

In der Mittagspause fällt uns auf, dass eine indische Mitarbeiterin abseits ihrer Kollegen im Flur ihr Essen allein einnimmt. Ist sie vielleicht eine der Unberührbaren? Meine Kollegen meinen, so etwas könne man nicht fragen. Ich versuche es trotzdem bei Kaberi: „Is there any reason, that she sits alone taking her meal?" „Nein, nein", antwortet Kaberi freundlich. „Sie möchte einfach nur allein beim Essen sein". Ob´s stimmt?

Die Zeiten, in denen die Siedlungen der Unberührbaren außerhalb am südlichen Rand der Dörfer, auf der windabgewandten Seite, lagen, damit die Familien der höheren Klasse nicht die Luft der Unberührbaren einatmen mussten, sind sicherlich in den größeren Städten vorbei. In den Heiratsanzeigen von Kalkutta liest man häufiger gar: „Kaste egal".

Ich bin gerade dabei, mein Essen aus dem Henkeltopf zu holen, als mich Vinzent, unser Fahrer, aufgeregt anspricht. „Schnell, schnell, da draußen ist ein Notfall". Eine 22jährige Frau liegt auf dem Rücksitz eines Tuc Tuc. Es ist unschwer zu erkennen, dass sie mit ihren tiefen thorakalen Einziehungen extrem nach Luft ringt. Wir tragen sie in das Untersuchungszimmer und legen sie auf die Liege. Während Patrick ihr ein Antibiotikum injiziert, wische ich ihr den kalten Schweiß von der Stirn und messe mit dem Pulsoxymeter den Sauerstoff. Beim dritten Versuch klappt es. Achtundsiebzig. Ich kann es kaum glauben. Noch nie habe ich auch nur annähernd einen so niedrigen Wert gemessen. Die Augen der jungen Frau sind halb geöffnet, manchmal auch komplett verschlossen. Den Mundschutz, den wir ihr aufgesetzt haben, hat sie sich wieder heruntergerissen. Kein Wunder bei dem pO2-Wert. Sauerstoff wäre jetzt nicht schlecht, können wir aber nicht anbieten. „Bitte jetzt nicht das Bewusstsein verlieren!", möchte ich sie fast anflehen. Mir schießen die Zeilen des Kollegen Volker Flörkemeier in den Kopf, der 1993 bei den German Doctors seinen Dienst versehen und ein Tagebuch über diese Zeit geschrieben hat, das in unserem Esszimmer ausliegt. Dort las ich heute Morgen: „Ein kleines Kind war wegen einer schweren und nicht heilbaren Krankheit vom Lokal Doctor aufgegeben worden und verstarb noch in der gleichen Nacht. Der Vater und die Nachbarn erschlugen den Arzt am helllichten Tag mit Eisenstangen."

Wir tragen die Frau in ein Taxi und lassen sie zusammen mit dem Ehemann zum Lord's Hospital bringen.

Das Mittagessen fällt aus. Später laufe ich mit Sandro noch drei Kilometer zum Ghat, um den Weg mit der Fähre nach Howrah abzukürzen. Auf der staubigen Straße sehe ich zum ersten Mal eine tote Ratte. Nicht, dass ich es mir wünschen würde, aber ich hatte damit öfter gerechnet. Müll mit Essensresten gibt es genug in jeder Ecke. Wahrscheinlich kommen die gefräßigen Nagetiere erst in der Dunkelheit aus ihren Löchern.

Am Ghat sitzen und stehen Menschen im Fluss, waschen sich oder scheuern ihre Kleidung. Die Überfahrt über den Hoogly verbreitet Urlaubsstimmung. Blauer Himmel und Sonnenstrahlen haben das Grau der letzten Tage verdrängt. Die Luftfeuchtigkeit ist nicht so hoch wie sonst. Je nach Lage ist der Hoogly zwei bis drei Mal so breit wie der Rhein. Die Fähre legt etwas abseits von unserem Ziel an. So müssen wir auch in Howrah noch zwei, drei Kilometer durch ruhigere Siedlungen laufen. „Ein schöner Camino", sagt Sandro. Er ist in diesem Jahr den ersten Teil des Camino del Norte in Spanien gewandert, den Teil, den ich im letzten Jahr an gleicher Stelle gepilgert bin. Zwischendurch zieht er sich die Turnschuhe aus, da es Passagen gibt, die durch den anhaltenden Regen in den letzten Tagen noch überschwemmt sind. Ich komme ohne Probleme mit meinen Camino Boots durch die Pfützen.

Am späten Nachmittag begeben wir uns auf die Terrasse unseres Hauses, um die letzten Sonnenstrahlen dieses Tages auszukosten. Ich mache ein Foto von den Männern und nenne es: Men at Work. Niemals darf dieses Bild nach Bonn in die Zentrale von German Doctors gelangen.

3. Oktober

Es gibt heute etwas zu feiern, allerdings nicht für alle. Am deutschen Nationalfeiertag darf ich den ganzen Tag über laut die Nationalhymne singen, der Einladung des deutschen Generalkonsulates in Kalkutta nachkommen und den Errungenschaften des deutschen Volkes um die Wiedervereinigung huldigen. Meine Kollegen aus der Schweiz und aus Belgien dagegen müssen schuften.

I`m kidding. Ich werde natürlich mit ihnen raus in die Ambulanz fahren. Und ich freue mich auf meine Arbeit, hatten wir doch erst gestern mit dem Geburtstag Gandhis einen indischen Feiertag, den wir für einen Besuch der ansehnlichen St. Paul Cathedral und des Planetariums genutzt haben.

Wie privilegiert ich bin, bekomme ich Tag für Tag auf den Straßen Kalkuttas und Howrahts sowie in den Ambulanzen vorgeführt. Dass ich es auch hinsichtlich der Kontaktverbindungen mit der Heimat bin, zeigt mir das Tagebuch des Kollegen Volker Flörkemeier: „Auf dem Weg nach Shibpur gibt es einen Telefonladen. Dort ist es möglich, über Satellit zu telefonieren. Die Verbindung über einen solchen Weg ist wohltuend, allerdings sehr teuer. Hier wird in Sekundeneinheiten gemessen und berechnet. Ich bin immer wieder erstaunt, wie kurz eine Sekunde ist und wie teuer ein Gespräch wird", schreibt er. Nicht etwa kurz nach dem zweiten Weltkrieg, sondern 1993. Da war Deutschland bereits wiedervereint. Wenn ich Lust und Zeit habe und das W-LAN in unserem Wohnhaus stabil ist, kann ich jeden Tag mit Kerstin, meinen Kindern oder meiner Mutter telefonieren und sie dabei noch sehen. Kostenlos! Ich nutze es fast täglich.

Die ersten Patienten in der Praxis bringen eine Menge Vorbefunde mit, sodass ich mir erst einmal einen Überblick verschaffen und alles sortieren muss. Auch ein alter Bekannter stellt sich vor. Der „Behinderte", der so geschickt mit den Gehhilfen umgehen konnte. Es wird ein Moment, der mir die Augen öffnet. Das Röntgenbild, das er mir von seinem Gipsfuß vorgelegt hat, lässt keine Fraktur erkennen. Ich fordere ihn auf, ein paar Meter ohne Gehstützen zu laufen. Er verzieht zwar noch schmerzhaft das Gesicht, aber es funktioniert schon recht gut. Ich hatte ihm das letzte Mal reichlich Analgetika aufgeschrieben. Die können noch nicht alle verbraucht sein. Trotzdem will er neue, da er die alten beim Betteln verloren habe. Mir geht ein Licht auf. Der junge Mann macht tatsächlich auf behindert. Höherer Mitleidsfaktor. Mehr Einnahmen. Ein exzellenter Schauspieler!

Eine Mutter betritt mit ihrem hinkenden 27jährigen Sohn den Ambulanzraum. Der Mann war nach Bangalore gezogen, um sich dort als Schneider zu verdingen. Vor zwei Jahren habe er dort einen Schlaganfall in Folge einer Hirnblutung erlitten. Ursache soll seine Hypertonie gewesen sein. Er hat eine rechtsseitige Parese und eine Dysphasie (Sprachbehinderung) davon getragen. In der neurologischen Klinik habe man ihm ein paar physiotherapeutische Übungen gezeigt. Das war's. Mit seinem rechten Arm kann er nicht viel anfangen. Seinen Beruf kann er jedenfalls damit nie mehr ausüben. Welch eine miserable Lebensprognose für einen so jungen Mann. Meine Erkenntnis ist die, dass es - insbesondere hier – sehr sinnvoll erscheint, frühzeitig Hypertonie-Patienten zu erfassen. Ich verordne ihm Antihypertonika und Aspirin zur Blutverdünnung. Logopädie und Physiotherapie sind Luxus.

Eine Mutter steht mit ihrem geistig behinderten 18jährigen Sohn vor mir, der mich durchgehend angrinst. Ein freundlicher Junge, aber eine krude Geschichte. Bis zum 12. Lebensjahr habe er sich vollständig normal entwickelt. Dann sei er von einem auf den anderen Tag verschwunden gewesen. Man habe ihn überall im Slum und in der Umgebung gesucht. Vergeblich. Nach dreizehn Tagen sei er einem Nachbar zufällig, weit entfernt von seinem Wohnort, begegnet. Ziellos irrte er umher. Er war völlig durcheinander und habe alles vergessen, was passiert sei. Das einzige, was seine Mutter herausbekommen hatte, war, dass er sich durch Betteln vor dem Verhungern gerettet hat. Seitdem ist er geistig behindert.

Durga Puja

Unsere halbe Truppe ist krank. Walter versucht die bösen Geister mit trockenem Reis und Tee zu vertreiben. Monika hat das Antibiotikum, das sie eigentlich nicht nehmen wollte, auf ihrem Frühstücksteller liegen und Sandro ist gar nicht erst aufgestanden. Verständlich, wenn man die Nacht auf der Toilette mit Erbrechen verbracht hat.

Ich habe Lust auf Bujerat. Das ist die Ambulanz, die auf dem Land liegt und die wir zwei Mal in der Woche besuchen. Die Gegend und das Ambiente haben hier so einen Touch von dem, was ich von meinen Caminos in Spanien kenne. Kein Wunder, dass mich das in eine leicht euphorische Stimmung versetzt.

Zum Glück gibt es wenig Dramatisches in den Ambulanzen, so dass wir auch heute unsere Arbeit in der dafür vorgesehenen Zeit schaffen. Es ist gut so, denn ich muss noch meinen kleinen Rucksack packen. Morgen früh soll es nach Darjeeling ganz im Norden von Bengalen gehen. Hier in Kalkutta tobt der Bär. Weihnachten und Karneval in einem. Durga Puja heißt das größte hiesige Hindufest im Jahr. Durga ist die Frau des Obergottes Shiva, oder besser gesagt eine seiner Frauen. Die vorhandenen Tempel werden geschmückt. Zusätzliche provisorische Tempel werden aufgebaut, festliche Beleuchtung allseits angebracht. Wie bei uns zu Weihnachten machen sich die Menschen Geschenke. Soweit es das Budget zulässt, gibt es neue Kleider und natürlich ein Festessen… gefeiert wird mit Musik.

Gestern Abend haben wir bereits einen kleinen Vorgeschmack bekommen. Die Lautsprecher in unserer Nachbarschaft wurden maximal aufgedreht. Ich habe nichts gegen Hindumusik. Das Dröhnen und Gehämmer, das wir gestern bis in die Nacht hinein auf die Ohren bekommen haben, grenzte jedoch an Gesundheitsschädigung - vielleicht sogar an Folter. Wir hatten unseren persönlichen Beitrag zum Fest bereits mittags in der Ambulanz geleistet, indem wir den indischen Mitarbeitern Samozas , diese leckeren Teigtaschen und Chocolate mitgebracht und Ihnen ein Happy Durga gewünscht hatten. Was haben die sich gefreut!

So wie sich in Köln die Karnevalsmuffel dem Trubel entziehen, werden wir nach Darjeeling flüchten, um dem Durga-Puja-Fest zu entfliehen. Mein Gefühl sagt mir: Nicht die schlechteste Alternative. Wenn das Wetter mitspielt, werden wir das Dach der Welt sehen. Wann hat man schon mal die Gelegenheit einen Blick auf den Achttausender zu werfen?

71

HIMALAYA

Die Ankunft des Fliegers ist pünktlich um 10.00 Uhr. Das erste was auffällt ist, dass die Menschen hier ein anderes Aussehen als in Kalkutta haben. Mit ihrem Epicanthus gleichen sie eher den Ostasiaten, sind aber nicht so gelb wie Chinesen oder Japaner. Ihre Hautfarbe ist mal heller, mal dunkler braun.

Der Fahrer steht bereits vor dem Flughafen, um uns nach Darjeeling zu bringen. Auch in den nächsten Tagen wird er uns zur Verfügung stehen. Schon bald zeigt sich, dass er zu unserer aller Freude einen deutlich moderateren Fahrstil pflegt als die Helldriver in Kalkutta. Dennoch geht es zügig voran. Die fünfundachtzig Kilometer zum 2145 Meter hoch gelegenen Darjeeling sollten locker in drei Stunden zu schaffen sein. Ein klarer Fall von „Denkste!". Dreißig Kilometer vor unserem Ziel reiht sich ein Stau an den anderen. Sandro, Monika und ich entschließen uns, die letzten fünf Kilometer zu laufen. Es dauert nicht lange, da kommt uns der dampfende Toytrain mit einem rhythmischen Zischen entgegen – irgendetwas zwischen Märklin-Eisenbahn und normalem Zug. Jedenfalls ein Traum für Eisenbahnromantiker. Putzig, wie er mit seinen gefüllten Personenwaggons ganz nah an den Geschäften entlangfährt, so wie unsere Spielzeugeisenbahn in Kindertagen. Die Darjeeling Himalayan Railway - so der offizielle Name - tuckert seit 1881 den Berg von Darjeeling nach Kurseong runter und umgekehrt.

Um 16.00 Uhr kommen wir schließlich noch eher an als die Auto fahrende Hälfte. Wir scheinen nicht die einzigen zu sein, die die Idee hatten, auf diese Weise dem Trubel des Durga-Puja-Festes zu entfliehen. Darjeeling wirkt sauberer als das, was wir bisher von Indien gesehen haben. Wie man an den vielen Souvenirläden erkennen kann, ist die Stadt auch außerhalb der Feiertage ein touristischer Hotspot. Achtzehn Grad Celsius. Unsere Fleecejacken haben wir nicht umsonst mitgenommen.

Wir beschließen den Abend mit einem guten indischen Essen im Shangri La und einem Absacker in der coolen Bar Gertis, die Sandro ausfindig gemacht hat und in der so nebenbei ein Fußballspiel der Premiere League läuft. Keiner von uns hat anschließend ein Problem damit, sein Zimmer zu teilen. Walter besitzt Ohropax. Somit steht fest, wer mit mir das Vergnügen hat.

Am nächsten Tag fährt uns Krishna nach dem Frühstück zum Tigerhill. Nur einen kleinen Zipfel vom Kangchenjunga, dem mit 8586 Meter dritthöchsten Berg der Erde (nach dem Mount Everest und dem K2), können wir erheischen. Den Rückweg wandern wir herunter. Zwischendurch werde ich bei einem Hindutempel meine versprochene Spende an Ganesha los. Krishna fährt uns zu einem buddhistischen Tempel, zu einem Kriegerdenkmal und zum Zoo. Der bengalische Tiger kommt uns sehr nah, nicht etwa wie ein süßes schnurrendes Kätzchen, sondern mit einer Länge von drei Metern eher bedrohlich. Wir genießen den Vorteil, dass zwischen uns und dem Tiger ein Zaun ist. Dieses Privileg haben die Menschen in den Mangrovensümpfen des Gangesdelta nicht. Jedes Jahr fallen hundert von ihnen den Raubkatzen zum Opfer, vornehmlich Fischer.

Mehr noch als die wilden Tiere fasziniert das geologische Museum mit der Geschichte der Bergbesteigung. An einem Zitat von Tenzing Norgay, dem Sherpa von Edward Hillary bleibe ich hängen: „Ich habe den höchsten Berg der Erde bestiegen und bin so zu Ruhm gekommen. Das größte Glück für mich aber ist meine Familie und die Gewissheit, für sie sorgen zu können."

In Kalkutta hat bei den meisten Menschen die Familie den höchsten Stellenwert, auch wenn für die Ehefrauen das Zusammenleben mit der Schwiegermutter zuweilen nicht einfach ist. Immer wieder hört und liest man, dass diese ihren Schwiegertöchtern das Leben zur Hölle machen - und die Ehemänner sich in ihrer Intervention vornehm zurückhalten.

Hier ist sie noch nicht Geschichte: Die Mär von der gefürchteten bösen Schwiegermutter. Darjeeling liegt etwa 26 Kilometer von der östlichen Grenze Nepals entfernt. Auch ein junger Mann, namens Siddhartha Gautama ist in dieser Gegend im sechsten Jahrhundert vor Christi geboren und aufgewachsen, bevor er mit 29 Jahren den Namen Buddha – der Erleuchtete – annahm. Die Menschen in und um Darjeeling identifizieren sich eher mit den Nepalesen und speziell mit den legendären Gurkhas. „Yes, same population, same language, same culture", bestätigt Krishna.

So gerade vor Toresschluss schaffen wir es noch, eine Führung durch die Tee – Manufaktur und -Plantage mitzunehmen. Dieses intensive dunkle Grün – das Auge kann sich kaum daran satt sehen. Die in einer Reihe nebeneinander stehenden Bäume im Hintergrund vermitteln mir in dieser Teekulturlandschaft eine nicht erwartete Assoziation mit einer völlig anderen Kulturlandschaft mit Zypressen – der Toskana.

Patrick klopft an unsere Tür. „Isch'abe die Berge rausgenommen", fordert uns der Wallone noch vor dem Frühstück im allerschönsten deutsch-französischen Singsang auf, mit auf die Terrasse des Hotels zu kommen. „Merci, Patrick", für diesen majestätischen Ausblick auf den Kangchenjunga - ein Geschenk des Himmels, der freundlicherweise für eine Stunde den grauen Vorhang zur Seite geschoben hat.

Monika hat die Idee, zum tibetanischen Flüchtlingslager zu laufen. Der Name führt in die Irre. Es handelt sich um ein ehemaliges Flüchtlingslager aus dem Jahre 1957. Heute steht auf dem Gelände eine Teppichweberei, die von tibetanischen Frauen und Männern mit traditionellem Handling bedient wird. Ein kleines Museum illustriert mit Schwarz-Weiß-Fotos die Geschichte der tibetanischen Fluchtbewegung.

Muskeln, Gelenke und Kreislauf freuen sich über die schöne einstündige Wanderung, bevor sie gezwungenermaßen ruhiggestellt werden, um wieder auf 33 Metern über dem Meeresspiegel zu gelangen. Silighuri, unsere Übernachtungsstation an der Grenze zu Bangladesch übertrifft Kalkutta deutlich an Dreck auf den Straßen. Unser Hotel lässt die Erinnerung an alte Travellerzeiten wieder aufleben. Mit dem komfortablen Zug fahren wir von hier aus am nächsten Morgen um 5.30 Uhr durch bis Howrah Station und haben acht Stunden Muße, unsere viertägige Auszeit vom Arbeitsleben in Kalkutta Revue passieren zu lassen.

77

DREI MAL EINE ZIGARETTE PRO TAG

Dr. Tobias is back. Tobias Vogt, der Langzeitarzt, der seit 17 Jahren in Kalkutta arbeitet, ist zurück aus Deutschland, wo er an einem Spendenmarathonlauf in Kassel teilgenommen und sich ein Langzeitvisum für Indien besorgt hat. Er übernimmt nächste Woche den Posten von Patrick, der zurück nach Belgien fliegt.

Da der Zug von Silighuri gestern Abend bereits um drei Uhr nachmittags in Kalkutta angekommen war, hatten wir doch noch Gelegenheit, die Abschlussfeierlichkeiten des Durga- Puja-Festes mitzuerleben. Extrem laut trommelnd, singend und tanzend gaben die Menschen noch einmal alles. Dagegen erscheinen der Kölner Karneval und der Karneval in Rio wie ein Kindergeburtstag. Und alles ohne Alkohol! Gleichwohl gibt es auch Gemeinsamkeiten: So wie in Köln kurz vor Aschermittwoch der Nubbel verbrannt wird, so entsorgen die Hindus hier am letzten Tag die über Wochen liebevoll aus Lehm hergestellten Durga-Puja-Figuren, nur dass sie hier nicht verbrannt werden, sondern in einer Prozession zum Hoogly gebracht und dann in den Fluss geworfen werden.

Kaberi ist wieder da. Sie hatte am letzten Freitag gefehlt, da ihr Schwager verstorben war. „I missed you", sagt sie beiläufig. Mir wird ganz warm um´s Herz. In der Ambulanz warten heute einige pädiatrische Herausforderungen auf mich.

Eine Mutter stellt ihren siebenjährigen Sohn vor, der ihr mit 106 cm zu klein geraten erscheint. Im Vorfeld meiner Tätigkeit in Kalkutta hatte ich gelesen, dass es auch hier Percentilenkurven gibt. Ich lasse sie mir bringen, muss jedoch feststellen, dass solche nur für das Gewicht, aber nicht für die Größe vorhanden sind. So führe ich mit den mir zur Verfügung stehenden Möglichkeiten ähnlich wie bei uns zu Hause eine Vorsorgeuntersuchung durch und kann am Ende der Mutter mitteilen, dass ihr Sohn absolut gesund erscheint und darüber hinaus – so rasch, wie er meine Aufforderungen verstanden und umgesetzt hatte - ein sehr intelligenter Bursche sei. Für einen indischen Jungen erscheint er mir auch nicht minderwüchsig.

Eltern betreten mit ihrem panisch schreienden zweijährigen Mädchen das Zimmer. Sie legen mir MRT Bilder vom Schädel auf den Schreibtisch. Man sieht eine diskrete periventrikuläre Leukomalazie, aber keine Porenzephalie, also keine Löcher im Gehirn. Ich schaue mir das Gangbild an und kann zumindest grob orientierend eine spastische Parese ausschließen. Mit der Sprachentwicklung ist es schon schwieriger. Das Kind spreche nicht, höre aber auf seinen Namen. Eine Schwerhörigkeit besteht wahrscheinlich nicht. Den geistigen Entwicklungsstand und die Prognose genau zu bestimmen, ist schwierig in diesem Alter. Scheinbar gibt es aber Möglichkeiten der Förderung, worauf Kaberi mich hinweist. Ich überweise das Mädchen dorthin und kläre die Eltern beruhigend über meinen Untersuchungsbefund auf.

Der apfelsinengroße Tumor an der rechten Halsseite des siebenjährigen Jungen ist nicht zu übersehen. Der Tastbefund ist weich und nicht druckschmerzempfindlich. Ansonsten macht der Bursche einen absolut fitten Eindruck. Ich frage die Mutter, wie die Schwellung entstanden sei. „Vor ca. eineinhalb Jahren, mehr oder weniger von heute auf morgen," antwortet sie. Etwas Bösartiges erscheint mir bei diesem Verlauf und bei dem Allgemeinzustand des Jungen eher ausgeschlossen. Ich überweise ihn zum Ultraschall. Vielleicht findet sich ein Lipom.

Der alte Mann in dem weißen Lungi klagt über Kurzatmigkeit. Ich höre ein diskretes Giemen über den Bronchien und verordne ihm auf Grund seiner asthmatischen Beschwerden Inhalativa. Nachfragen ergeben, dass er raucht. Acht Zigaretten pro Tag gibt er zu. Nach einer uralten Hochrechnung muss man von dem Doppelten ausgehen. Kaberi hält ihm eine Gardinenpredigt und fordert auch mich auf: „Please Doctor, tell him to stop smoking." Ich überlege kurz und sage: „I order you one cigarette in the morning, one at lunchtime and one in the evening, not more". Der Alte bringt seine Handflächen zur Mitte und richtet sie zusammen mit seinem Blick gen Himmel. Dabei murmelt er etwas von Allah. Kaberi bekommt das Grinsen nicht mehr aus dem Gesicht: „He prays to God that he will give you a long life".

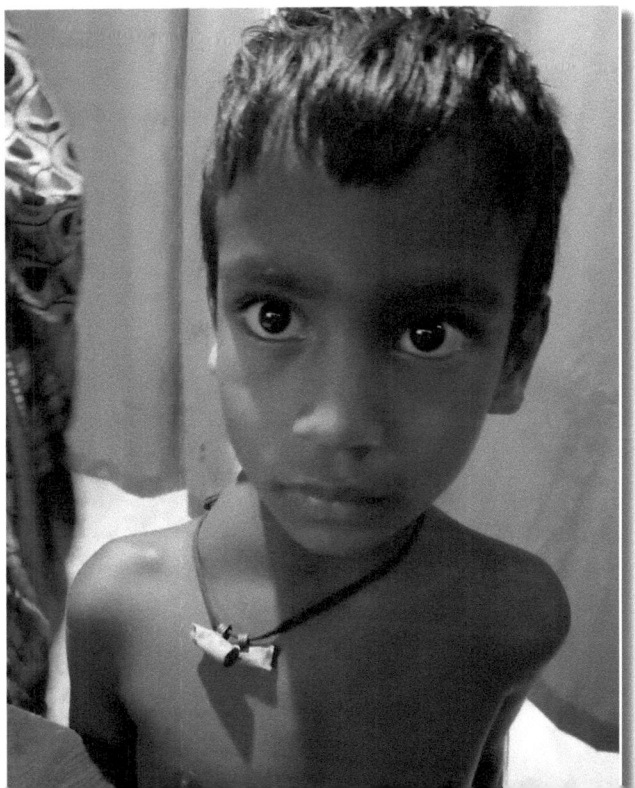

HEINO

Das trübe Herbstwetter hat Platz für mehr Helligkeit gemacht. „Autumnrain" nannte Kaberi das, was sich gestern nahezu den ganzen Tag vom Himmel her ergossen hat - um es vom Monsunregen abzugrenzen.

Beim Abstempeln der wartenden Patienten wird deutlich, dass auch heute ungewöhnlich viele Kinder dabei sind. Gleich beim ersten Säugling holt Tobias mich dazu. Der Junge ist sechs Wochen alt und wiegt 2000 Gramm, obwohl die Mutter Pulvernahrung und Muttermilch füttert. So ein dystrophes Kind gehört natürlich zum Aufpäppeln auf eine Station, was ihr Tobias selbstverständlich empfohlen hat. Aber sie will nicht. Dafür kann es einige Gründe geben. Vielleicht hat sie noch andere Kinder zu Hause zu versorgen. Vielleicht legt auch der Ehemann sein Veto ein. Jedenfalls möchte Tobias jetzt mit mir zusammen entscheiden, ob es noch zu verantworten ist. Der Junge ist müde, aber nicht apathisch. Sein aktueller Flüssigkeitszustand ist noch ausreichend. Die Lagereaktionen sind normal. Insgesamt scheint er neurologisch unauffällig zu sein. Er hustet, aber eine Pneumonie kann ich nicht feststellen. Trotzdem verordne ich ihm ein Antibiotikum, mehr prophylaktisch. Dann kann man es ambulant mit engmaschigen Wiedereinbestellungen probieren.

Bei einem deutlich minderwüchsigen 17jährigen Jungen hatte ich in der letzten Woche das TSH bestimmen lassen. Ein Neugeborenenscreening wie bei uns zum Ausschluss einer Hypothyreose und anderer Erkrankungen gibt es hier in Indien nicht. Das Resultat der TSH–Bestimmung liegt nun vor: 257. Das ist das Fünfzigfache des Normalwertes. Ich frage Tobias, mit welcher Dosis Thyroxin er die Substitution beginnen würde. Er bleibt ganz cool und meint, er vertraue dem Labor nicht und lässt den Wert noch einmal in einem Labor seiner Wahl bestimmen. Gut, dass wir jetzt einen Insider der hiesigen Verhältnisse im Team haben! Ich stehe mal wieder auf dem Schlauch. Vielleicht kann man es so beschreiben, was die 35jährige Frau mir zeigt: juckende papulovesikuläre, nicht schmerzhafte gräuliche Effloreszenzen unter der linken Axilla und in der rechten Flanke. Auch Doctor Tobias kann mir nicht helfen. Er empfiehlt mir ein Foto zu machen und eine Mail an Heino zu schicken. „Heino?", ich stutze einen Moment lang, dann weiß ich, an welchen Heino Tobias denkt.

Tobias meint Dr. Heino Hügel, den renommierten Dermatologen vom Bodensee, der diesen beeindruckenden Vortrag mit fantastischem Bildmaterial auf dem Vorbereitungsseminar in Bonn gehalten hat. Innerhalb von 24 Stunden soll man eine Antwort von ihm erhalten, so heißt es. Ich bin gespannt, welche Diagnose Herr Dr. Hügel stellt. Ich selbst denke an eine lichenoide Hauterkrankung. Da sie vermutlich nicht ansteckend ist, verordne ich zunächst einmal nur ein Antihistaminikum und warte auf die Rückmeldung.

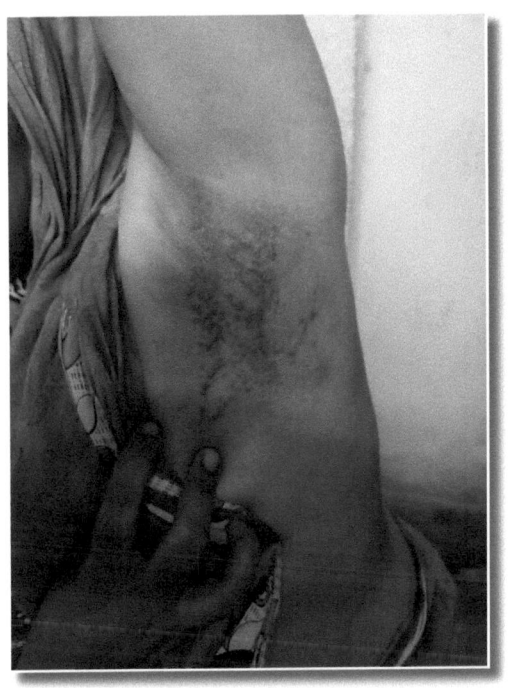

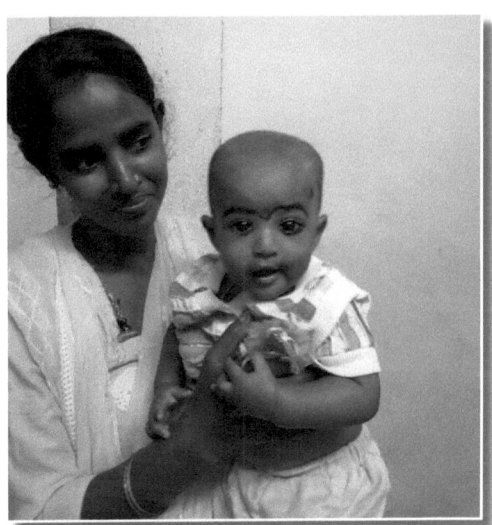

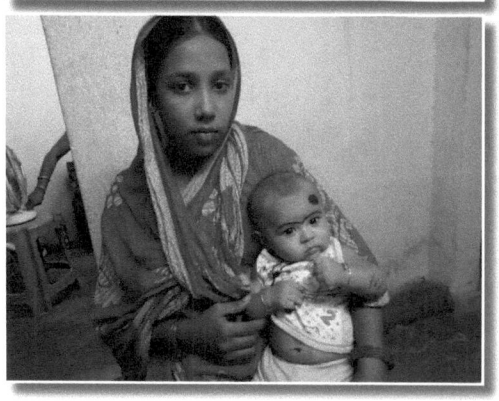

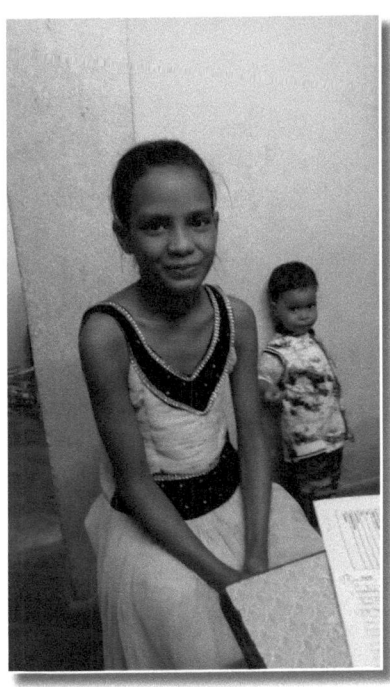

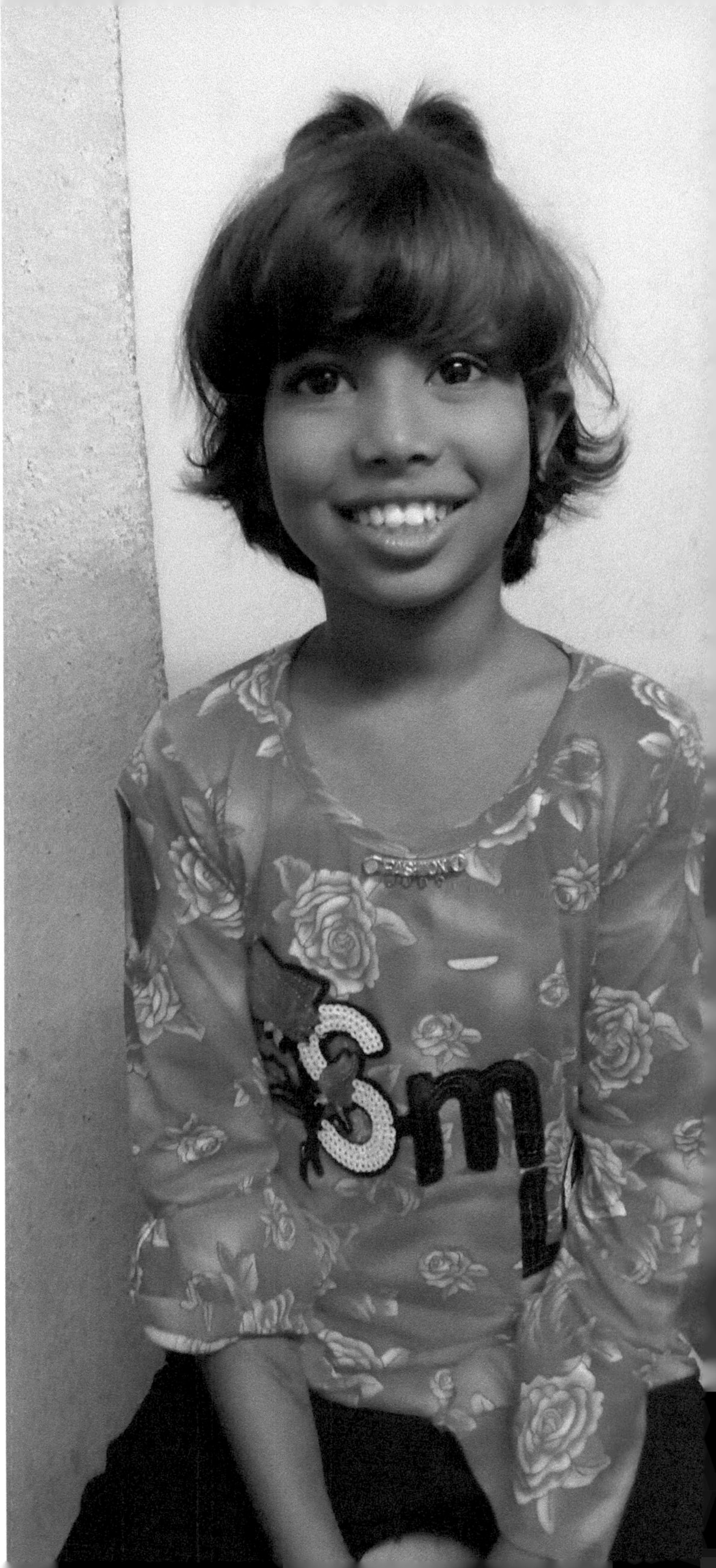

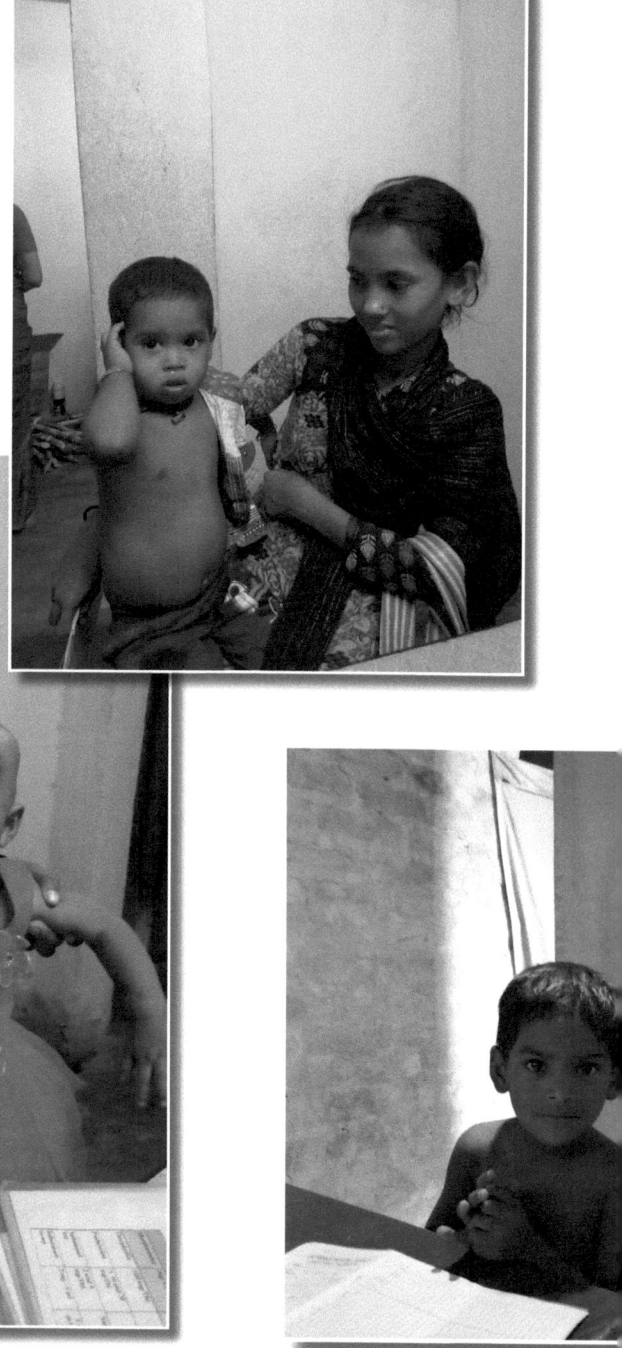

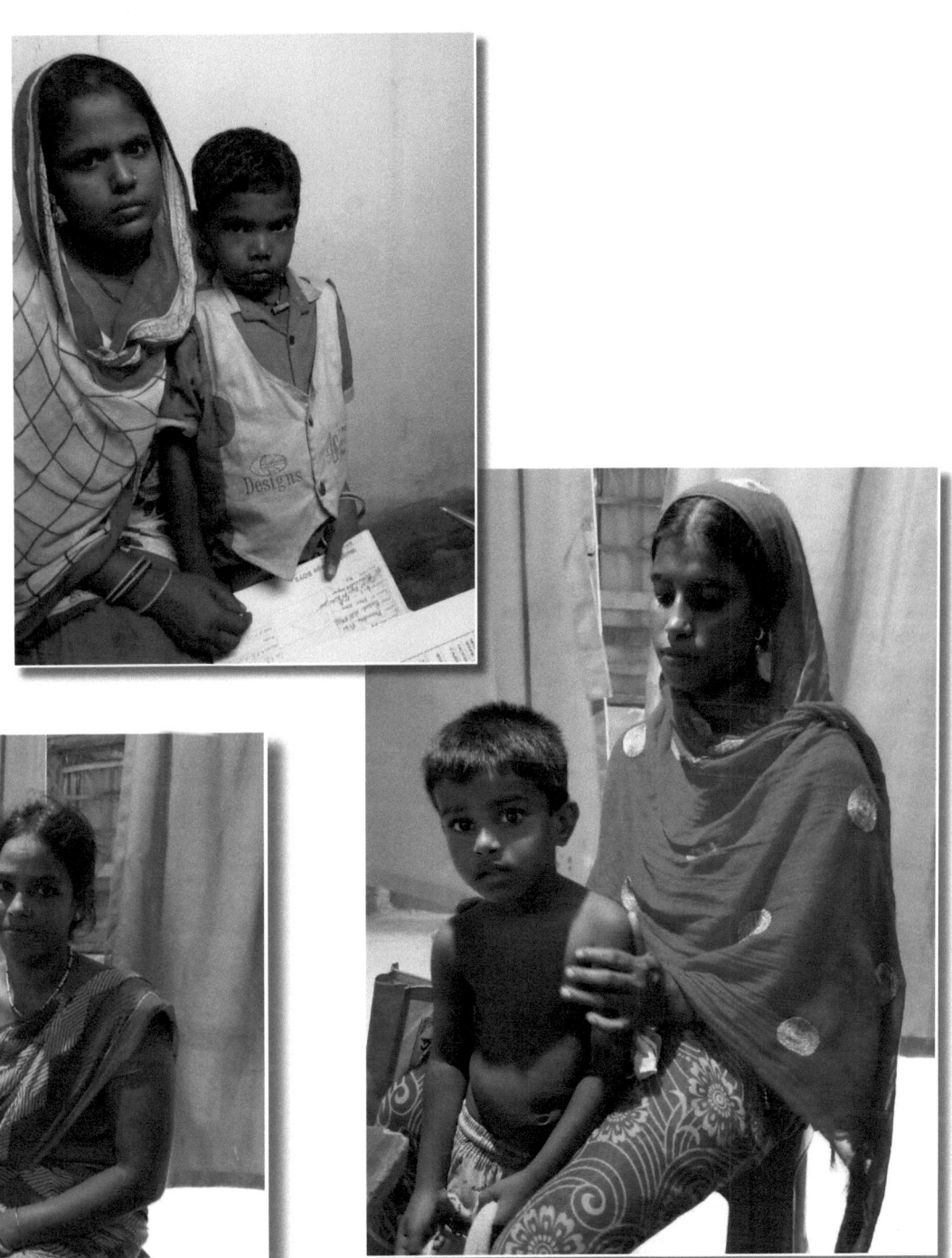

METHUSALEM

Tobias gibt uns beim Frühstück Einblicke in das Alltagsleben. So sollen in Zukunft keine Patienten mehr ins Lord`s Hospital eingewiesen werden, da es dort Unkorrektheiten bei den Abrechnungen gegeben habe und die nächtliche Versorgung der Patienten durch nicht ausreichend kompetente Studenten suboptimal sei. Die neue Anlaufstelle heißt Medicare.

Suboptimal sei auch das Interesse des deutschen Konsuls in Kalkutta. Obwohl er Mediziner sei, halte sich sein Interesse an den German Doctors in Grenzen. Es stünde durchaus in seiner Macht, mehr zu tun. Daher werde er auch der Einladung des Generalkonsulats fernbleiben.

Was die Patienten in unseren Ambulanzen angeht, so berichtet Tobias, dass sich viele bereits zwischen zwei und drei Uhr nachts einreihen. Um ihren Platz abzusichern, müssen die Patienten eine Art Schutzgeld bezahlen, die der indische Platzhirsch abkassiert.

Mich persönlich interessiert als Pädiater, ob es hier in Kalkutta auch AD(H)S gibt. Ja, soll es geben, aber nicht so häufig, erklärt Tobias.

Walter hat mir eine besondere Freude gemacht, indem er eine Riesenflasche Ketchup besorgt hat. Ich weihe sie bereits heute Morgen zur Geschmacksoptimierung meines Spiegeleis ein.

In der Ambulanz stellt sich eine Frau mit rheumatoider Arthritis vor. Kaberi hilft mir, die therapeutischen Optionen, die uns zur Verfügung stehen, auszuschöpfen. Immerhin haben wir die Möglichkeit, Methotrexat und Folsäure zu verordnen. Wir instruieren die dreißigjährige Frau im Hinblick auf die wöchentlichen Injektionen. Zur Überprüfung der Leberwerte und Verlaufsbesprechung vereinbaren wir einen neuen Termin.

Der alte Mann mit buntem Turban, gerader Haltung, Stock und Brille war mir schon beim Abstempeln mit seinem besonderen Habitus aufgefallen. In der Karteikarte steht Jahrgang 1933. Er sitzt vor mir und zeigt mir ein Ekzem an seinem Unterschenkel, sonst nichts. Ein harmloser Befund. Ich höre ihn trotzdem ab und sage ihm, mit dieser Lunge und diesem Herzen könne er hundert Jahre alt werden. Der Alte schmunzelt und spricht mit meiner Übersetzerin in Bengali. Ungläubig und fragend schaut mich Kaberi an: „Ist das möglich? Der Mann sagt, sein Vater sei 135 Jahre alt geworden!" Methusalem?

Auch der nächste, deutlich jüngere Mann klagt lediglich über Juckreiz am Ohr. Interessant sind die kausalen Zusammenhänge, die er herstellt. Er sei Fußballer und habe vor zwei Jahren einen Ball vor das Ohr bekommen. Ich kläre ihn auf, dass Gehörgang und Trommelfell völlig in Ordnung seien, dass es sich lediglich um ein leichtes Ekzem handle und der Ball vor zwei Jahren nichts damit zu tun habe. Wo wir aber gerade beim Thema Fußball wären, solle er mir doch mal voraussagen, wer denn das Derby zwischen Indien und Bangladesch im Qualifikationsspiel zur Asienmeisterschaft am nächsten Dienstag gewinne. „Natürlich Indien!", gibt er sich selbstsicher. Den Traditionskracher lassen wir uns nicht entgehen. Sandro hat bereits Karten geordert.

Dr. Heino Hügel hat zurückgeschrieben. Es stimmt tatsächlich: Innerhalb von 24 Stunden bekam ich eine Antwort. Erfreulich ist, dass er meine Verdachtsdiagnose halbwegs bestätigt hat. Allerdings nur halbwegs. Es hagelt Kritik: Wie lange bestehen diese Hauterscheinungen? Haben Sie nachgesehen, ob wirklich nur diese beiden Stellen befallen sind? Warum bekomme ich kein Bild aus der rechten Flanke? Warum erhalte ich nur eine Übersicht und kein Detailbild? Ich gestehe, die Frau nicht darum gebeten zu haben, sich komplett zu entkleiden, bin mir jedoch sicher, dass ich auf gewisse Widerstände gestoßen wäre. Ein paar zusätzliche Fotos habe ich noch. Ansonsten kann ich Ihnen, verehrter Herr Kollege, nur versichern, beim nächsten Fall detailliertere Informationen zu senden.

Noch eine persönliche Botschaft an meine Mitarbeiterin Carmen: „Liebe Carmen. Ich freue mich sehr, dass dir beim Stillen in der Nacht mein Blog eine willkommene Abwechslung bietet. Werde mich bemühen, dass es auch in den kommenden Nächten nicht langweilig wird für dich. Vielen Dank für deinen Eintrag. Den Geburtstag eurer süßen Ella am 13. September, dem glücklichen Startschuss für mein Unternehmen „Kalkutta", werde ich mit Sicherheit für immer gespeichert haben."

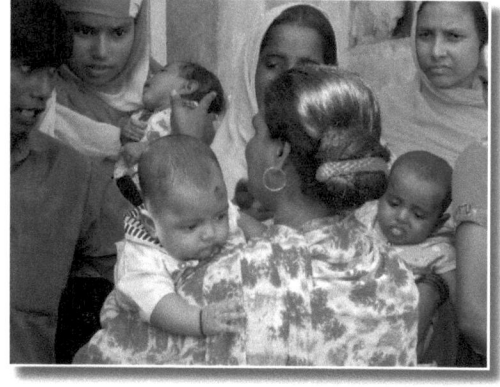

HOFFNUNG

Tobias suchte jeden Einzelnen in unseren Ambulanzen auf, um mitzuteilen, dass unsere Teilnahme bei der wöchentlichen Visite der Sozialarbeiterin in den Pilkhana Slums abgesprochen sei. Eine sympathische Geste, die Wertschätzung vermittelt.

Am Freitagabend verabschiedeten wir Patrick, der zurück nach Belgien fliegt und Monika, die weiterzieht nach Bangladesch, um sich von der dortigen Station der German Doctors in Chitagong ein Bild zu machen, mit einem Abendessen im Oh! Calcutta: Ausgefallene schmackhafte indische Gerichte in sterilem Ambiente.

Wir treffen Salma, die Sozialarbeiterin an der Amani Shopping Mal. Das Tuc Tuc bringt uns in den Norden Howhrats in die Nähe des Hautbahnhofes. Pilkhana ist der Slum, in dem Dominique Lapierre`s Buch City of Joy spielt. Bevor wir ihn betreten, besorgen wir einige Kilo Obst, das wir in zehn kleine Tüten portionieren und den jeweiligen Familien, die wir besuchen, geben werden. Wir erfahren an unserer Ausgangsstation im Zentrum des Slums was aus den von uns detektierten TBC-Patienten wird. In diesem Raum, in dem zwei weitere Sozialarbeiterinnen ihren Dienst tun, holen sich die TB – Patienten täglich zwischen 9 und 17 Uhr ihre Medikamente ab, die von der bengalischen Regierung finanziert werden. Die Bezahlung der Sozialarbeiter übernimmt die Else-Kröner-Stiftung von Frisenius mit einer jährlichen großzügigen Spende. Wenn die vom Staat zur Verfügung gestellten Medikamente einmal ausbleiben, übernimmt die Stiftung auch diese. Die Anwesenheit der Patienten und die Ausgabe der Tuberkulostatika wird dokumentiert.

Man muss sich schon gut auskennen, um durch die verschlungenen Wege zu den einzelnen Unterkünften zu gelangen, in denen die Familien wohnen, die wir besuchen wollen. Salma, unsere Sozialarbeiterin, kennt sich gut aus.

Über eine unebene Steintreppe, bei der man achtgeben muss, dass man nicht stolpert, gelangen wir durch einen dunklen Flur in das Zimmer einer Familie im vierten Stock. Vor vier Monaten ist die Mutter an Tuberkulose gestorben. Einen Monat später der Vater. Jetzt sitzt die Oma mit den vier Kindern auf dem Bett und erwartet unseren Besuch. Eines der Kinder hat ebenfalls eine TBC. Dreizehn Personen sollen in diesem kleinen, etwa 10 Quadratmeter großen Zimmer wohnen und schlafen. Auch wenn das Bett, das mehr als die Hälfte des Raumes einnimmt, matrimoniale Ausmaße hat, selbst eine XXL-Fantasie reicht nicht aus, um sich vorzustellen, dass alle Dreizehn Platz auf diesem Bett finden. Einige werden unter oder neben dem Bett nächtigen müssen.

Der Raum, den die Menschen bewohnen, macht einen sauberen Eindruck. Der Dreck auf den Straßen ist teilweise unbeschreiblich. Ob der Trostlosigkeit verschlägt es uns zeitweise die Sprache.

Dennoch: Es gibt auch Bilder und Momente, die Lebensfreude vermitteln. Eine Frau sieht uns an ihrem Haus vorbeigehen. Sie eilt in ihren Wohnraum, um ihren noch jungen Säugling zu holen. Ein Lachen huscht über ihre Wangen. Mehr noch: In ihrem Gesicht drückt sich ihr ganzer Stolz über ihr Baby aus. „Seht her das ist MEIN GROßES GLÜCK!"

Der Mann in dem kleinen Zimmer ein paar Straßen weiter hat das Schlimmste hinter sich. Er sieht auch gut genährt und fit aus. Die übliche Medikamentenkombination hat angeschlagen. Er ist inzwischen negativ, das heißt nicht mehr ansteckend. Sein siebenjähriger Sohn steht im Eingang und versucht mit mir ins Gespräch zu kommen. Ein netter Junge, der sich freut, seine englischen Brocken, die er in der Schule gelernt hat, anzubringen. Die üblichen Fragen: „Where are you from?, What´s your name?" etc. Alles wirkt echt, spontan und nicht verstellt. Er unterstreicht seine Freude, indem er die Nachbarjungen dazu holt. Gemeinsam posieren sie als Gang und bitten um ein Foto. Man spürt auf angenehme Weise die jugendliche Dynamik und erahnt das Potential, das in ihnen steckt. Vielleicht schaffen sie es irgendwann einmal, dem Slum zu entkommen und sich eine bessere Zukunft aufzubauen - wie unsere Sozialarbeiterin Salma.

91

BUNT

Es bleibt bunt und international bei den German Doctors. Die Engländerin Annette aus York-shire ersetzt den Belgier Patrick aus Eupen. Annette ist allerdings noch nicht lange Britin. Nach dem Studium in Berlin, das sie ein paar Jahre nach mir an der FU abgeschlossen hatte, ging sie auf die Insel und blieb dort. Seit 25 Jahren arbeitet sie in einer allgemeinärztlichen Gemeinschaftspraxis in der Nähe von Leeds. Bis vor kurzem hatte sie sich über die Annah-me der britischen Staatsbürgerschaft keine Gedanken gemacht. Mit dem näher rückenden Brexit-Datum bekam sie schließlich kalte Füße. Dass ihr Boris Johnson am 1. November die rote Karte zeigt und sie vor die Tür setzt, wollte sie nicht riskieren. Dafür musste sie schwit-zen. Auch nach 25 Jahren Residenz bekommt man im Königreich Großbritannien nichts ge-schenkt. Sprach - und Geschichtsprüfung hatten es in sich. Selbst historisch gebildete Briten konnten etliche Fragen nicht beantworten.

Tobias berichtet von einem German Doctor, der mit Dengue-Fieber nicht länger in Kalkutta bleiben wollte. Im Fieber-Delirium begann er am Dum Dum Flughafen zu randalieren, als man sein Gepäck untersuchen wollte. Ob er jemals seine Heimat wiedergesehen hat, ist nicht bekannt.

Wie man unbeschadet eine 10-stündige Flugreise mit erbsbreiigen Durchfällen überstehen kann, ist mir auch nicht klar geworden. Ein vom Thyphus befallener German Doctor jedenfalls bestand darauf, unverzüglich nach Deutschland zurückzukehren, erzählt Tobias.

Ihn selbst habe vor einigen Jahren auch das Denguefieber getroffen. Mit Infusionen und Thrombozytenkonzentraten versorgt, konnte er lange Zeit nicht das Krankenhaus verlassen. Es war nicht etwa die zweite oder dritte Dengue – Infektion, sondern seine erste. Allgemein heißt es, die erste Infektion sei harmlos und nach drei, vier Tagen vorbei. Sie traf ihn nicht in der Hochphase des Monsuns im Juli und August, sondern Anfang November. Tobias trägt konsequent langärmelige Hemden.

Bevor wir in die Ambulanz aufbrechen, tausche ich mein kurzärmeliges Hemd noch schnell gegen eines mit langen Armen. Mir fällt auf, dass es mal besser gepasst hat. Nach der Wä-sche hat es zeltartige Ausmaße angenommen. Aber wie ist das möglich? Dass so ein Hemd bei zu heißer Wäsche kleiner werden kann, leuchtet mir ein, aber größer? Die Lösung des Mysteriums sitzt neben mir: Tobias hat genauso ein mit DEET imprägniertes Craghoppers-Hemd wie ich. Da haben die Damen in der Waschküche wohl etwas verwechselt.

Auch die Existenz der Malaria scheint kein Hirngespinst zu sein. Walter hatte heute zwei positive Fälle in seiner Ambulanz.

Und noch etwas gibt uns Tobias mit auf den Weg: „Erzählt reichen Indern im Flugzeug nie, ihr würdet Entwicklungshilfe in Kalkutta leisten. Sie werden extrem böse und wütend reagieren. Sagt einfach, ihr fliegt nach Darjeeling zum Trekken, dann ist alles gut."

Für den Jungen in der Ambulanz kann ich leider nicht allzu viel tun. Ein Metall sei ihm auf den Unterarm gefallen, wie die Mutter berichtet. In einem Gesundheitszentrum sei er am Wochenende primär versorgt worden. Als ich den linken Arm, der in einer Schlinge hängt, von seinem Verband befreie, sehe ich eine breit klaffende Wunde mit zerfetzter Muskulatur. Immerhin sieht die Wunde nicht superinfiziert aus. Man hatte ihm ein Antibiotikum mitgegeben. Die Motilität der Finger ist nicht eingeschränkt. Ulna (Elle) und Radius (Speiche) scheinen auch noch intakt zu sein, sodass ich auf ein Röntgenbild verzichte. Eine Primärversorgung mit Nähten sähe sicherlich besser aus. Jetzt bleibt uns nichts anderes übrig, als engmaschige Wundkontrollen mit Verbandwechseln durchzuführen. Aber die Heilung wird dauern!

Eine dreißigjährige Frau mit freundlichem offenem Blick klagt seit einem halben Jahr über Bauchschmerzen, mal rechts, mal links, mal oben, mal unten. Eine zeitliche Abhängigkeit ist nicht auszumachen. Ich frage nach Kindern. Sie sei kinderlos. Man habe alle möglichen Untersuchungen über sich ergehen lassen. Seit einiger Zeit sei klar, dass sie keine Kinder bekommen könne. Die medizinische Ursache läge bei ihrem Ehemann. Das hätten die Untersuchungen deutlich gezeigt. Ich erkläre ihr, dass die körperliche Untersuchung ihres Bauches völlig unauffällig sei und dass weitere aufwendige Abklärungen keinen Sinn ergeben würden. Sie versteht sofort, was ich meine, offensichtlich auch auf Englisch. Sie arbeite in einem Gesundheitszentrum. Ihr Mann sei Rikschafahrer. Die Frau hat keinen depressiven Habitus, wie ich ihn von anderen indischen Frauen kennengelernt habe, aber sie hat ein klar definiertes Problem: Ihre zu erwartende Kinderlosigkeit. Für eine indische Frau ein nicht zu unterschätzender Makel. Eine Psychotherapie wäre das, was ich ihr am liebsten anbieten würde. Aber wo bekomme ich die her? Am Ende bleibt der Versuch mit einem Antidepressivum. Sie nimmt es wohlwollend auf. Wenn es hilft, müssten ihre Bauchschmerzen besser werden.

Vinzent, unser Fahrer, bittet mich schnell nach draußen zu kommen. Einer jungen Frau gehe es sehr schlecht. Sie liegt auf einer Holzkarre und scheint unerträgliche Schmerzen zu haben. Ihr Mann trägt sie auf die Liege ins Ambulanzzimmer. Die Untersuchung ergibt am ehesten einen Bandscheibenprolaps. Zweifellos steckt da mehr hinter als bei den üblichen Lower Back Pain Fällen. Da sie gestern bereits in einem Krankenhaus vorstellig geworden war und sich dort heute zu weiteren Untersuchungen einfinden sollte, schicke ich sie zurück in dieses Krankenhaus.

Kaberi hat Alltagssorgen. Die Familie, die sich bei ihr anlässlich der Trauerfeierlichkeiten zum

Tode ihres Schwagers aufhalte, sei schwierig. Ihr 56jähriger Mann leide unter der nunmehr zehnjährigen Arbeitslosigkeit. Das Studium ihres Sohnes koste viel Geld. Sie schlafe schlecht. Trotz ihrer eigenen Probleme entgeht ihr nicht, dass ich heute nicht rund laufe. Die Hexe hat mich getroffen. Oder war es doch das Brett mit einem Hauch von Schaumstoff, auf dem ich schlafe? Zur Besserung meiner Lower Back Pain-Beschwerden holt sie mir eine Tablette Ibuprofen aus der Hausapotheke.

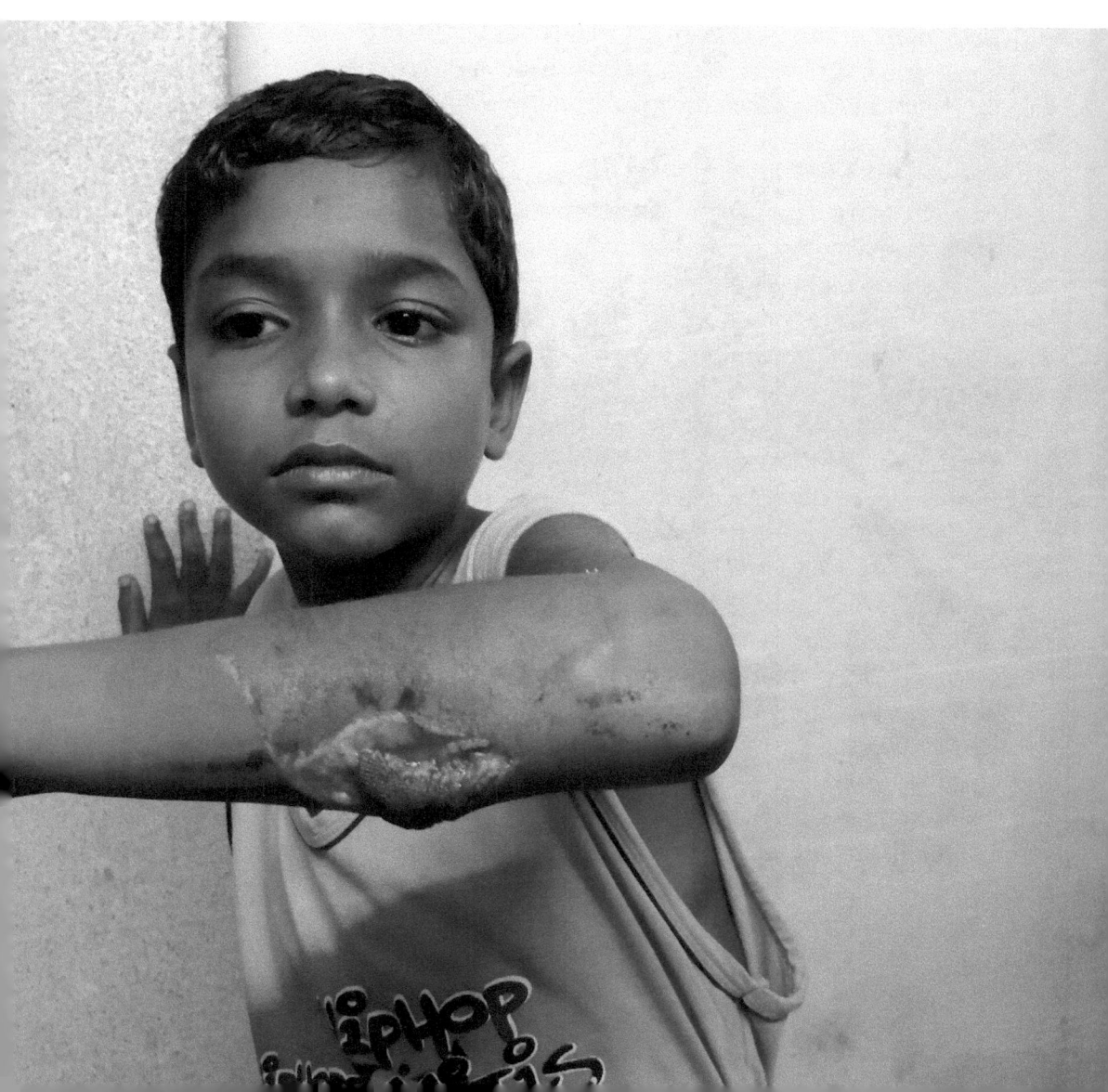

Maden

Der Junge mit dem verletzten Arm geht mir nicht aus dem Kopf. Hätte ich nicht doch Hilfe für ihn organisieren können? Wie entstellt wird der Arm aussehen, wenn er mal verheilt ist? Habe ich wirklich alle Funktionen des Armes und der Hand korrekt überprüft?

Beim Frühstück berichtet Tobias von Patienten mit großflächigen Verbrennungen, die hier keine Seltenheit sind. Die Vernarbung führt oft dazu, dass sie den Arm nicht mehr heben können und somit auch weitgehend von körperlichen Aktivitäten ausgeschlossen sind. In solch schweren Fällen organisiert Tobias Hilfe durch plastische Chirurgen. Das ist das Stichwort, auf das ich gewartet habe. Ich beschreibe Tobias meinen Fall. Er bittet darum, dass ich ihm den Jungen vorstelle.

Danke.

Meine Sorge, eine Funktionseinschränkung übersehen zu haben, stellt sich glücklicherweise als unbegründet heraus.

Was ich als nächstes sehe, ist gemäß Lehrbuch eine typische pädiatrische Fehlbildung. Dennoch: Ich habe so einen kompletten Verschluss des Anus bei einem sechs Wochen alten Säugling ewig nicht mehr gesehen. So eine Fehlentwicklung kommt nicht häufig vor, aber wenn, dann wird sie rasch nach der Geburt operiert. Das Baby ist putzmunter. Offensichtlich entleert es den Stuhl durch eine vulvanahe Fistel. Ich weise es auf eine kinderchirurgische Abteilung ein.

Ein mittelalter Mann zeigt mir seine Wunde, die er sich vor vier Wochen als Rikschafahrer am rechten Außenknöchel zugezogen hat. Als er die Plastiktüte entfernt, wird mir fast übel. Das tiefe Geschwür stinkt ekelhaft faulig. Kleine weiße Tierchen - Maden oder Würmer - scheinen in der Wunde den geeigneten Nährboden gefunden zu haben. Sie bringen ihr nutritives Wohlbefinden in einer unbändigen Dynamik zum Ausdruck. Dem Mann entgeht offensichtlich mein Erschrecken nicht. Tränen kullern ihm über das Gesicht. Flehentlich greift er nach meiner Hand. Neben einem Antibiotikum verordne ich regelmäßige Wundreinigungen und überzeuge mich davon, dass unsere Mitarbeiter diese sehr fachmännisch durchführen.

Eine Frau, der ein schwerer Gegenstand auf die Hand gefallen ist, kommt zurück vom Röntgen. Der Metacarpal II (Mittelhand)Knochen der linken Hand ist gebrochen. Zum Glück ist sie Rechtshänderin. So kann sie ihre Hausarbeit, wenn auch eingeschränkt, weiter durchführen. Auch hier leisten unsere Mitarbeiter gute Arbeit. Die Gipsschiene ist in optimaler Funktionshaltung angelegt.

Wir lassen uns mal wieder auf der Rückfahrt absetzen, um mit der Fähre nach Howrah überzusetzen. Der staubige ca. drei Kilometer lange Weg dorthin ist nicht gerade ein Traumpfad. Ein volles zweireihiges Tuc Tuc hält an. Wir warten darauf, dass die Leute aussteigen. Tun sie aber nicht. Der Fahrer organisiert den Zustieg: Sandro kommt auf seinen Schoß, daneben Monika und dann quetscht sich noch ein Inder dazwischen. Ich darf hinten neben dem Mann mit der großen Kiste sitzen. Daneben eine schlanke Inderin. Im Vergleich zu der vorderen Reihe sitze ich in der Businessclass.

Auch heute vermittelt die Überfahrt mit der Fähre bei 33 Grad und klarem blauem Himmel wieder Urlaubsstimmung. Jugendliche und Kinder schwimmen in dem trüben Gewässer des Hoogly um die Wette. Was sich da noch für Kadaver neben den Milliarden Colikeimen herumtreiben, möchte ich nicht wissen. Bevor die Fähre anlegt, ziehen die Jungen sich an dem Reifen, der das Schiff zum Ufer hin abpuffern soll, hoch. Man möchte Ihnen zurufen: „Schnell, haut ab, das könnte knapp werden!" Sie suchen den Nervenkitzel. Erst im letzten Moment tauchen sie davon, um nicht an der Anlegestelle eingequetscht zu werden. Das Timing ist gut einstudiert.

Das Ergebnis des Qualifikationsspiels für die FIFA-Weltmeisterschaft in Katar zwischen dem Weltranglistenhundertfünften und -hundertfünfundneunzigsten ist sekundär. Bengalische Feuer, wie sie ursprünglich bei den Fürstenhöfen durch chemische Reaktionen ausgelöst wurden, sind auch hier in indischen Wettkampfstätten nicht gerne gesehen. Mein Feuerzeug landet bei der Leibesvisite am Eingang des Stadions freundlich, aber bestimmt, von meiner Hosentasche heraus in einem Eimer. Stattdessen leuchten beim Einlaufen der Spieler die Lichter von 60.000 Handys. Alkohol wird nicht ausgeschenkt. Die Stimmung ist friedlich. Die Inder gleichen kurz vor Spielschluss die 1:0-Führung der Bangladeschis aus.

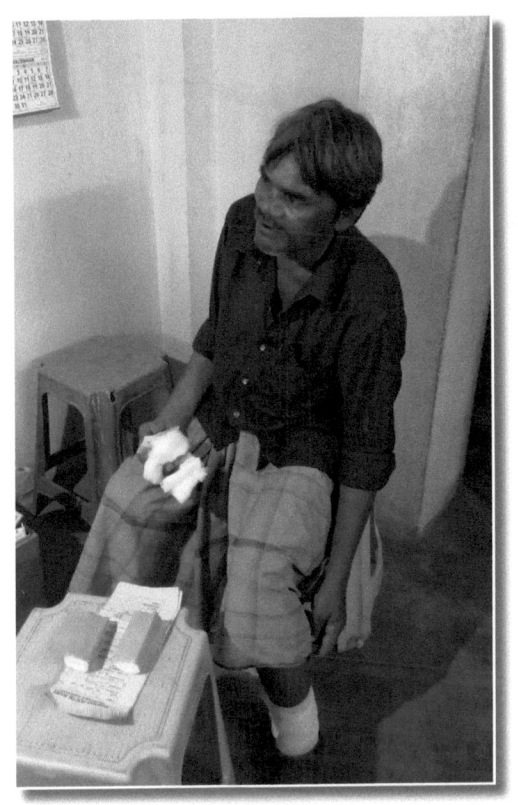

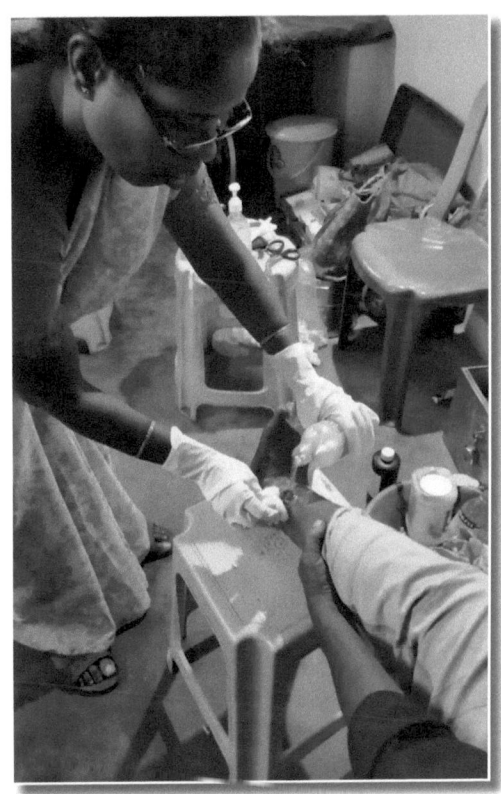

97

How to dress a Sari

Der Zufallsgenerator beschert mir mein erstes Glücksgefühl am Morgen. Als ich den alten Mann mit dem kleinen Kind auf dem Arm in den wartenden Reihen erblicke, hoffe ich, dass er in mein kleines Untersuchungszimmer kommen wird. Das fünfzehn Monate alte Mädchen auf seinem Schoß sitzend, hat der Mann mit dem weißen Lungi immer noch dieses fröhliche Lächeln im Gesicht. Auch meine Annäherung bringt das Kind nicht aus der Ruhe. Ich kann ohne Probleme und ohne großen Aktionismus Blickkontakt herstellen. Urvertrauen in Reinkultur. Enkelin und Großvater sind ein Team. Das vermittelt auch Kaberis Übersetzung. Es ist ein Zwillingskind. Der Opa versorgt das Mädchen mit allem, was dazugehört: Pampers wechseln, Baden, Wickeln, Anziehen und Kochen. Die Großmutter kümmert sich um den Jungen. Eine klar geregelte Aufteilung. Und ein wunderbares Beispiel dafür, wie die Familien hier zusammenhalten. Die Mutter ist nach der Geburt verstorben. Der Vater verdient das Geld. Medizinisch gibt es für mich nichts Besonderes zu tun. Ein harmloser Infekt.

Der Start in den Arbeitstag ist gelungen. Optimistisch gehe ich ihn an. Bis mich Vinzent wieder einmal aus der Routine reißt. Draußen vor der Ambulanz steht ein Auto, auf dessen Rückbank ein ca. sechsjähriger Junge liegt, der sich vor Schmerzen krümmt. An seinem Arm hängt eine Infusion. Fünfzehn Menschen reden auf Bengali oder Hindi auf mich ein, als könnte ich durch Hand auflegen Wunder bewirken. Meine Hand, die den Bauch des Jungen abtastet, gibt mir klare Signale. Heftige Abwehrspannung in der typischen Region lassen keine Zweifel aufkommen, dass es sich um eine hochakute Appendizitis handelt. Die Übersetzer vermitteln der aufgeregten Schar meinen Eindruck. Wir schreiben eine Einweisung und schicken Eltern und Kind unverzüglich in ein State Hospital, wo man sie nicht so ohne weiteres abweisen kann.

Die Zeit ist fortgeschritten. Am Ende der Sprechstunde sitzt eine alte Frau, die an der rechten Hand nur noch den Daumen und den Zeigefinger hat, auf dem Stuhl vor mir. Auch Kaberi kann nicht auf Anhieb interpretieren, was sie uns erklären möchte. Sie kennt die Vorgeschichte vom letzten Mal, als man ihr ein Moskitonetz mitgegeben hat. Diese Maßnahme der German Doctors ist üblich bei armen Leuten. Kaberi weiß, dass sie ihre Finger beim Auflesen von Reis, der früher mit einem messerscharfen Instrument bearbeitet wurde, verloren hat. Kaberi ist verärgert, dass die 45-prozentige Behinderung, die man ihr bescheinigt hat, nicht für eine Rente ausreichend ist. Ihr Mann sei vor zwanzig Jahren kurz nach der Geburt des vierten Mädchens gestorben. Seitdem schlägt sie sich durch. Immerhin ist es ihr gelungen, die drei ältesten zu verheiraten. Keine einfache Aufgabe bei der Mitgift, die üblicherweise zu zahlen ist. Meine Übersetzerin redet lange und wie mir scheint sehr einfühlsam mit ihr. Die Frau fragt, ob man ihr dieses Mal einen Sari schenken könne. Spontan möchte ich ihr das Geld dafür geben, aber das führe zu falschen Signalen, meint Kaberi. Die Frau weint. Wir einigen uns darauf, dass Kaberi ihr einen neuen Sari besorgt, ich ihn bezahle und die Frau ihn in der nächste Woche abholen kann. Die alte Dame ist sehr schnell. Wir können nicht verhindern, dass sie uns die Füße küsst. Ein Sari steht auch bei unserer letzten Aktion im Mittelpunkt. Patrick ist mit einem solchen Kleidungsstück für seine Tochter im Gepäck in Belgien angekommen. Jetzt weiß weder er noch sie, wie man ihn anzieht. Die Wickeltechnik ist nicht einfach. Patricks Übersetzerin hat einen Sari zur Demonstration der Ankleidetechnik mitgebracht. Monika macht freundlicherweise das Model. Wir drehen einen Film und schicken ihn über WhatsApp nach Belgien.

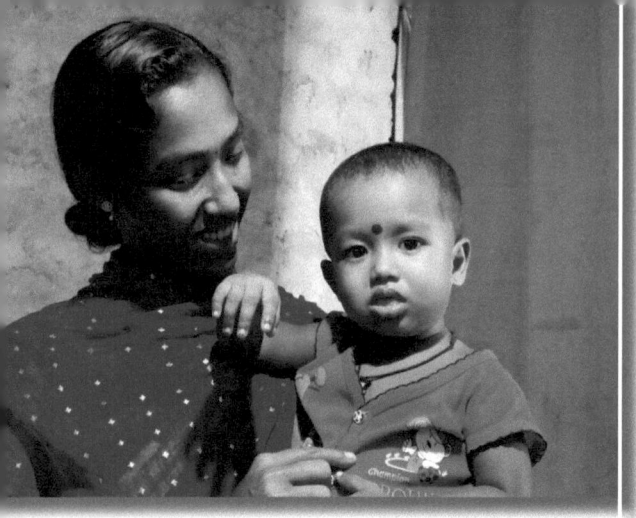

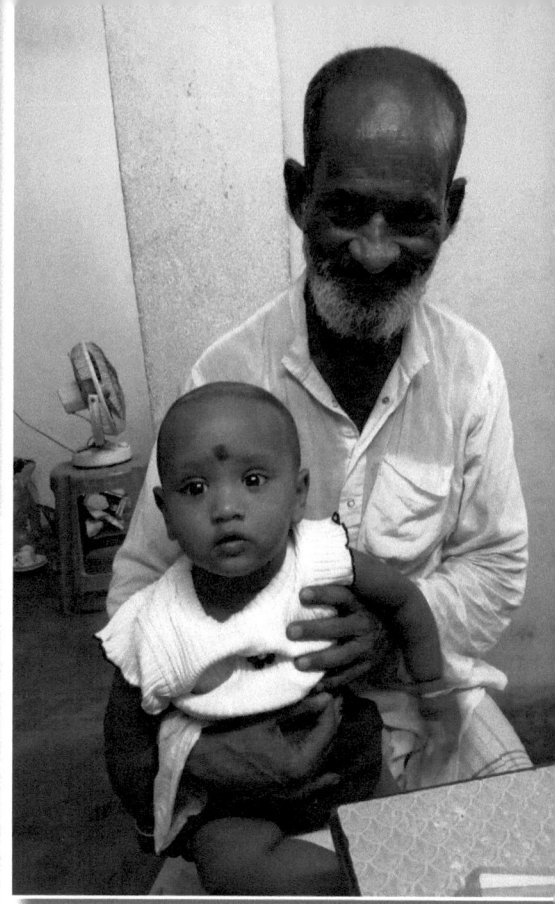

KINDERAUGEN

Eigentlich war ich gestern Abend platt nach der Arbeit. Ich hätte mich direkt ins Bett legen können. Es war ein anstrengender heißfeuchter Tag in der Ambulanz in Bojerhat, zum Glück ohne Katastrophen. Abgesehen von der Situation ganz am Anfang. Das hätte auch schief gehen können.

Der zwölfjährige Bengel sitzt auf seinem Hocker, als könne er kein Wässerchen trüben. Seine Mutter möchte eigentlich nur die Spritzen und Kanülen abholen, die sie von den German Doctors regelmäßig erhält. Das Insulin für den Diabetes bekommt sie vom State Hospital. Ein Routinevorgang. Der durchgeführte Blutzuckertest zeigt jedoch einen nicht messbaren Wert an. Das heißt, er dürfte über 600, also kurz vor dem Eintritt ins Koma liegen. Meine Empfehlung, zur Neueinstellung des Diabetes das Krankenhaus aufzusuchen, lehnt sie ab. Sie gibt allerdings zu bedenken, dass der Junge ihr heute Morgen bei der Verabreichung seiner üblichen 10 Einheiten Insulin abgehauen ist. Ich verordne ihr, die verpasste Injektion unverzüglich nachzuholen und in zwei Stunden wieder zu erscheinen. Als sie zurückkommt, ist der Zuckerwert auf 400 gesunken.

Gestern war Sandros letzter Abend vor seiner Rückreise in die Schweiz. Es ist Usus und eine Selbstverständlichkeit, den Abreisenden „die letzte Ehre zu erweisen". Sandro hatte ein BBQ-Restaurant auf der Parkstreet ausgewählt. Bevor wir das Lokal betraten, fiel mir das Hard Rock Cafe auf der anderen Straßenseite auf. Schnell ein Foto gemacht, schickte ich es Andrea, meiner Praxiskollegin nach Bocholt. Wie andere Stadien, Kirchen oder Museen in aller Welt sammeln, richtet sie mit ihrem Mann ihre Reisen um den Globus nach dem Vorhandensein eines Hard Rock Cafe's aus.

„Soll ich euch etwas besorgen aus dem Hard Rock Cafe, Andrea?" schreibe ich ihr. „Nein, wir waren ja noch nicht selbst da", gibt sie mir zu verstehen, dass das Mitbringen von Utensilien nicht wirklich zählt. Sandros Lokalwahl war gelungen. Beste scharf gewürzte indische Küche zum Sattwerden. Wahrscheinlich haben wir unseren Mägen viel zugemutet.

Ein Zoobesuch mit den tuberkulosekranken Kindern unserer Station ist für den heutigen Samstag organisiert. Jackson, unserer Fahrer, wird von seiner fünfjährigen Tochter begleitet. Wie immer werden die Mädchen für solche Anlässe herausgeputzt: Blaues Glitzerkleidchen, pinke Lackschühchen, pechschwarze glänzende Haare, die durch einen kontrastierenden gelben Reifen gehalten werden. Mit ihren dunklen Augen und ihrer tiefbraunen Haut ist sie ein Kind zum Verlieben.

Ich schnalle sie an, denn sie darf heute vorn neben Papa sitzen, während ich die Ehre habe, an ihrer linken Seite Platz nehmen zu dürfen. Ihr Blick wandert von der New Bridge zu den Schiffen auf dem Hoogly, dann wieder auf den Straßenverkehr, durch den uns Papa wie immer konzentriert und dem Verkehrsfluss angepasst manövriert.

Inzwischen ist meine Angst im Auto einem hohen Maß an Vertrauen gewichen. Wie oft habe ich schon bei Überholmanövern oder beim Einfädeln in eine andere Spur gedacht: Das kann nicht gut gehen. Gleich kracht es. Auch, wenn alle einen aggressiven Fahrstil pflegen – am Ende schaffen sie es immer wieder, untermalt von lautem Hupen, sich zu einigen.

Was mag in so einem kleinen Köpfchen neben mir vorgehen? Unbekümmert, neugierig und voller Vertrauen nimmt sie ihre Umwelt wahr. Schweigsam und leicht nach vorne gebeugt, scheint sie alle Bilder, die sich ihr aktuell bieten, aufzusaugen. Wenn es der Verkehr zulässt, wirft der stolze Papa einen flüchtigen Blick auf sie.

Mit fröhlichen Kindern verbringen wir zwei Stunden im Zoo. Es ist heiß, aber nicht mehr so feucht wie gestern. Ein Eis und ein kaltes Getränk sorgen für Abkühlung. Zwischendurch suchen die Kinder die Hand eines German Doctors. Wildfremde Menschen bitten um ein Selfie mit uns. Wir nehmen es dankbar auf, denn wir alle sind auch nicht gerade zimperlich beim Fotografieren der bunten Welt von Kalkutta.

Sandro wird ersetzt durch Steffi aus Berlin. Sie hat ihren Anschlussflug bereits in Frankfurt verpasst und trifft nach einem nicht eingeplanten Zwischenaufenthalt in Doha verspätet ein. Sandro habe ich für die Psychotherapiefortbildung im Mai in Langeoog begeistert. Wäre toll, wenn wir uns im nächsten Jahr dort wiedersehen.

Es wird Zeit, meinem Bruder Marcus einen Gruß nach Köln zu senden. „Muchas Gracias, Hermano, für deine netten Einträge in meinen Blog."

AUSZEIT

Irgendwann musste es ja passieren. Als ich am heutigen Sonntagmorgen aus dem Bett steige, fühle ich mich geschwächt. Erste kausale Zusammenhänge zeigen sich beim Toilettengang: Wässrige Durchfälle. Zumindest sind sie nicht blutig.

Warum sollte ich ungeschoren davon kommen? Patrick, Sandro, Walter, Monika…alle mussten schon mal eine Auszeit nehmen. Mehr noch als mit Durchfällen haben die meisten mit Luftweginfekten zu kämpfen, vermutlich durch den Smog und die Klimaumstellung mit bedingt.

Auf das Eis gestern im Zoo habe ich verzichtet, auch sonst nichts Ungewöhnliches, Ungewaschenes gegessen. Wahrscheinlich habe ich mir einen Virus in der letzten Woche in der Ambulanz eingefangen. Cholera und Typhus sind bisher dort nicht aufgetreten. Ich gehe von etwas Harmlosem aus. Sehr passend finde ich aber, dass ich ihn gerade heute, wo ich ohnehin nichts Besonders vorhatte, ausbrüte. Eigentlich ist es wie zu Hause. Da genehmige ich mir Infekte in der Regel auch nur am Wochenende. Ich lasse die anderen ohne Mühe gehen und nutze die Couch in unserem Wohn-Esszimmer zur Schonung meines Kreislaufes zum Lesen und zum Schlafen. Blick auf die Küchenzeile mit dem großen Kühlschrank, in der Mitte der überdimensionale Ess-, Laptop- und Debattiertisch, rechts das Bücherregal und links die Infowand. Die Bauchkoliken halten sich in Grenzen. Allerdings bin ich froh, dass die Toilette nicht allzu weit entfernt ist. Das wäre während meiner Ambulanzarbeit sicherlich nicht so spaßig.

Beim Abendessen mit meinen Kollegen bin ich bereits zu optimistisch. Ich fülle mir etwas Reis auf. Außer Tee in allen Variationen – sogar Pfefferminztee – habe ich heute kaum etwas zu mir genommen. Nach der dritten Gabel merke ich: Wenn ich jetzt nicht aufhöre zu essen, habe ich nicht nur mit retrogradem, sondern auch mit antegradem Discharge ein Problem. Ich bitte um Entschuldigung und ziehe mich wieder auf die Couch zurück. Auch für eine Beteiligung an den üblichen, immer wieder sehr fruchtbaren Diskussionen über interessante Fälle, die jeder von uns in der Ambulanz erlebt hat, fühle ich mich zu kraftlos.

THREE BANANAS MORE

Vorsichtig klopft Walter an meine Tür. Mein Schweizer Kollege ist besorgt um mein Wohlergehen. Mit seiner sanften Stimme fragt er, ob alles ok ist. Ich bin schon länger wach, habe mir mit dem Aufstehen aber etwas Zeit gelassen, da ich ohnehin nicht viel frühstücken werde. Der Kreislauf ist wieder da, der Appetit noch nicht. Annette gibt mir zwei Müsliriegel für den kleinen Hunger zwischendurch mit auf den Weg. Ich packe zur Vorsicht eine Toilettenpapierrolle in meinen Rucksack.

Können die netten Damen an der Essensausgabe in unserer Wohnung hellsehen? „Wait Doctor, take this package", ruft mir eine der immer liebenswerten indischen Ladies zu. Ihnen war aufgefallen, dass ich meinen Henkelmann in den letzten Tagen für die Mittagspause nicht mitgenommen hatte. Aber woher wissen sie, dass ich Stopfkost brauche? Sehr aufmerksam!

Die Menschen in der Warteschlange beim Abstempeln haben einen ernsthaften, teilweise besorgten Gesichtsausdruck. Ein Blickkontakt mit hochgezogenen Mundwinkeln, ein flüchtiges Streichen über den Kopf ihres Babies oder auch nur ein Good Morning mit angehobener Stimme reicht, um ihnen ein Lächeln zu entlocken. Das funktioniert zu 98 Prozent.

Ein zwölfjähriger minderwüchsiger Junge mit Rachitis kommt zurück in die Ambulanz. Ich hatte ihn zum Röntgen der Hüfte überwiesen, da er neben der typischen rachitischen Varusstellung der Beine zu hinken schien. Eine partielle Destruktion auf der linken Seite könnte für einen Morbus Perthes sprechen. Ich denke, dass es bei dem diskreten Befund eher keine therapeutischen Konsequenzen haben wird. Hochdosiertes Vitamin D und Calcium hatte der Kollege vor mir bereits gegeben. Die Vitamin-D-Injektion muss in zwei Monaten wiederholt werden.

Ein halbjähriger Säugling wird wegen eines Luftweginfektes vorgestellt. Der Infekt ist harmlos, aber der linke Gehörgang ist häutig verschlossen. Es ist ewig her, dass ich so einen Fall gesehen habe. Ich überweise ihn zur Operation.

Die Mutter eines sechswöchigen Säuglings legt mir Röntgenbilder vom Darm vor. Ein riesiges Megakolon congenitum ist zu erkennen. Noch ist die Darmpassage durch die Muttermilchernährung möglich, auch wenn die Stühle alteriert sind. Ich überweise auch ihn zur operativen Sanierung des Morbus Hirschsprungs in die Kinderchirurgie.

Eine Inderin mit einem besonders eleganten Sari stellt ihre 17 Jahre alte behinderte Tochter vor. Es wird zunächst nicht deutlich, warum. Sie habe gehört, dass es hier einen guten Doktor gäbe, sagt sie. Wahrscheinlich meint sie Tobias. Das Mädchen ist in einem staatlichen

Krankenhaus antikonvulsiv eingestellt, krampft aber noch drei Mal pro Monat. Allerdings war sie zuletzt vor drei Jahren in diesem Krankenhaus. Ich empfehle ihr, den Medikamentenspiegel im Krankenhaus überprüfen zu lassen und die Dosis gegebenenfalls anzupassen. Mehr kann ich nicht für sie tun. Trotzdem bedankt sie sich sehr herzlich.

Tobias hatte uns vor einigen Tagen aufgeklärt, dass zur Vermeidung von Hausgeburten jede Frau in Kalkutta, die ihr Kind im Krankenhaus entbindet, 1000 Rupien vom Staat auf ihr Konto überwiesen bekommt. Wie wenige es sind, die tatsächlich in diesen Genuss kommen, lässt sich schwer ermessen. Viele Inder sind nicht beim Standesamt gemeldet und haben auch kein eigenes Konto.

Ich bin froh, dass ich bei der 30-jährigen Patientin mit einem Kropf die Schilddrüsenwerte habe überprüfen lassen. T3 und T4 sind massiv erhöht. Ihre Beschwerden -Tachykardie und Palpitationen- passen dazu. Ich erhöhe die Carbimazoldosis und gebe ihr zusätzlich einen Betablocker zur Reduzierung der Herzfrequenz.

Fleckige Hautveränderungen an den Beinen einer alten Frau kommen mir bekannt vor. Ich stehe aber auf der Leitung. Der Allgemeinzustand ist gut. Ich verordne ihr zunächst erst einmal ein Antihistaminikum gegen den Juckreiz. Abends, als ich bei der Fallbesprechung das Foto zeige, verschafft mir Annette ein Aha – Erlebnis. „Könnte es nicht eine Pityriasis sein?" Volltreffer! Eine Pityriasis rosea (Röschenflechte) sehe ich nicht selten in der Praxis. Mehr als eine symptomatische Behandlung ist ohnehin nicht möglich. Somit brauche ich an der Therapie nichts zu ändern. Wenn die Diagnose stimmt, wird es sich spontan zurückbilden.

Kaberi hat einen schönen Sari für die alte Dame, die uns die Füße geküsst hat, besorgt. Ich bin gespannt, wann sie ihn abholt.

DEPRESSION

Die Schultern nach vorne gebeugt, scheuer flüchtiger Blickkontakt, gebrochene, leise Stimme, melancholische Augen - so präsentiert sich der 33jährige Mann auf dem Stuhl vor mir. Meine Kollegin hatte ihm vor acht Wochen bereits ein Antidepressivum verordnet, da seine Mutter ein Karzinom im Endstadium hatte. Mittlerweile ist sie verstorben. Ich habe den Eindruck, es ist nicht die ganze Wahrheit und bitte meine Übersetzerin, weitere Fragen zu stellen. Die nachfolgende Exploration funktioniert nur, weil Kaberi eine Person mit besonderen empathischen Fähigkeiten und einer außergewöhnlichen Sensibilität ist. Sie schafft es in kurzer Zeit, dass der Mann sich öffnet. Was wir erfahren, ist schockierend, zumindest für mich.

„Wie geht es Ihrer Frau?", das ist die Frage, die uns weiterbringt. Er habe vor einigen Jahren geheiratet. In den ersten drei Jahren der Ehe seien keine Kinder gekommen. Darauf habe seine Schwiegermutter ihre Tochter abgeholt und wieder mit in ihre Familie genommen. „Und was macht Ihre Frau jetzt?"will ich wissen. „Sie hat einen neuen Mann gefunden, mit dem sie ein Kind hat", antwortet er. Wie viele Psychoanalysesitzungen sind nötig, um ein solches Trauma erfolgreich zu verarbeiten? Da er kaum mehr aus dem Bett kommt, arbeitet er nicht mehr. Seine finanzielle Situation ist auch nicht rosig.

Kaberi hat eine einfache Lösung: „Sie sind jung, sie finden eine neue Frau", versucht sie ihn zu ermuntern. Der Appell wird nicht ausreichen. Ich bemühe mich, ihm noch ein paar verhaltenstherapeutische Aspekte mit auf den Weg zu geben, aber auch das wird nicht die Lösung sein. Vielleicht hilft es ihm ein wenig, wenn wir engmaschige Termine vereinbaren und er von Zeit zu Zeit mit dem jeweiligen Kollegen sprechen kann. Meine Dokumentation fällt in diesem Fall entsprechend umfangreicher aus - ein indisches Schicksal, das vermutlich in den meisten Fällen eher die Ehefrauen betrifft.

Mit dem kleinen zarten Mädchen schäkere ich eine Weile herum, solange Kaberi mit der Mutter die Vorgeschichte bespricht. Ich schaffe es, dem fünf Monate alten Säugling mit der kunstvollen Kajalbemalung im Gesicht mehrfach ein Lächeln zu entlocken. So habe ich bereits einen guten Eindruck von ihrem mentalen Entwicklungsstand, bevor es an die körperliche Untersuchung geht. Ich erwarte nichts Besonderes. So, wie Kaberi mir übersetzt, geht es auch nur um einen Luftweginfekt. Trotz des rotierenden Ventilators kann ich das laute, fauchende, bisher nicht bekannte Systolikum kaum überhören. Für herzkranke Kinder gibt es in Kalkutta ein diagnostisches und therapeutisches Zentrum, in dem alle Kosten übernommen werden. Die Überweisungsformalitäten zur Echokardiographie dauern etwas länger. Dennoch: Diese Untersuchung hat sich gelohnt.

Ein netter freundlicher Mann klagt über Kopfschmerzen. Anamnese und Untersuchung weisen nicht auf maligne Ursachen hin. Sein Sehvermögen ist auch nicht eingeschränkt. Meine Idee von einer Protokollierung ist eigentlich nicht abwegig, lässt sich aber nicht umsetzen: Der Mann kann weder lesen noch schreiben. Unsere Kopfschmerzkalender mit den lachenden und traurigen Emojis wären jetzt sehr hilfreich.

Nach drei Stunden fragt mich Kaberi: „Break, Doctor?" Wir arbeiten zügig und effektiv und können uns die Unterbrechung daher leisten. Ich habe diese zehnminütige Pause vor einigen Tagen eingeführt, da ich feststellen musste, dass wir viel zu lange auf dem Stuhl sitzen und uns nicht bewegen. Ich nutze sie für einen kleinen Spaziergang. Mein Rücken dankt es mir und die Konzentration ist danach auch wieder besser.

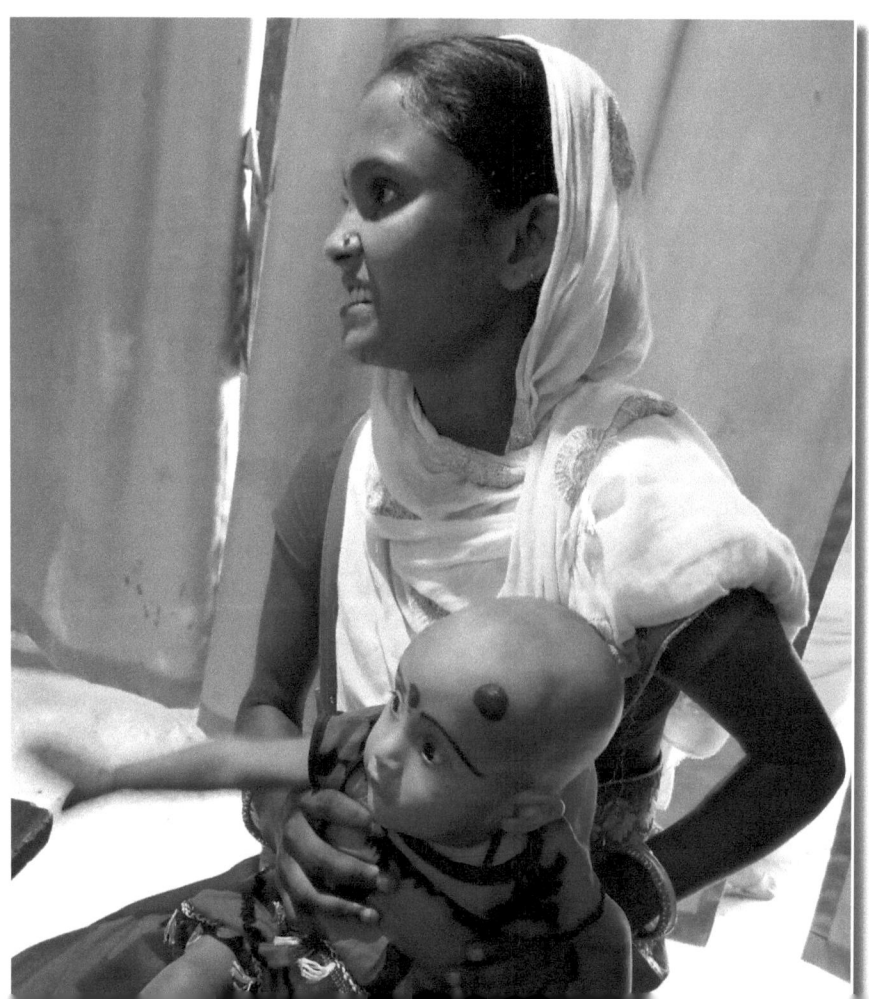

JASMINA

Walter möchte wissen, wie es Jasmina geht. Das trifft sich gut, denn es beschäftigt auch mich. Am frühen Abend nach der Rückkehr von unseren Einsätzen suchen wir unsere Tuberkulosestation im Nachbarhaus auf.

Erst drei Wochen ist es her, dass Sandro und ich das 14jährige schwerkranke Mädchen auf die TB-Station eingewiesen hatten, wo sie nach Umwegen schließlich auch landete. Die Verdachtsdiagnose bestätigte sich. Es wurde die übliche Kombinationstherapie aus vier verschiedenen Medikamenten begonnen.

Auf unsere Bitte hin holt die Stationsschwester Jasmina aus ihrem Zimmer. Sie trägt einen Mundschutz. Immer noch sieht sie sehr geschwächt aus. Aber sie kann sich schon wieder allein auf ihren Beinen halten und hat auch schon ein wenig an Gewicht zugenommen. Die Therapie hat angeschlagen.

Sie wird diese Medikamentenkombination aus schweren Geschossen etwa drei Monate einnehmen müssen. Jeden Monat wird eine Kontrolle durchgeführt, ob sie noch ansteckend ist. Wenn alles normal verläuft, wird sie anschließend noch drei Monate mit einer Zweierkombination weiterbehandelt.

Hier auf dieser Station werden fünfzehn bis zwanzig Kinder mit Tuberkulose therapiert. Frau Dr. Roy, die leitende Ärztin dürfen wir einmal bei der Visite begleiten. Ein Mädchen trägt ein Korsett. Bei ihr hatte sich die Tuberkulose in der Wirbelsäule manifestiert. Walter hat gestern eine 22jährige Frau mit einem Gibbus (Buckel) in seiner Ambulanz gesehen. Dieser ist mit hoher Wahrscheinlichkeit tuberkulosebedingt. Um einen solchen Gibbus zu vermeiden, trägt das Mädchen ein Korsett.

Diese Station ist eine Erfolgsstory. Kind für Kind wird uns dargelegt, in welchem desolaten Zustand es sich bei seiner Einweisung befand und wie gut es sich in einigen Wochen bereits entwickelt hat, sichtbar sowohl an den Röntgenkontrollen, wie auch am klinischen Zustand. Das zu realisieren, erfüllt uns mit einer großen Zufriedenheit und Freude. Es gibt uns eine Bestätigung für die Sinnhaftigkeit unseres Einsatzes. Weitgehend komplett finanziert wird das Haus durch die mittlerweile 75jährigen Eheleute Kölle aus Süddeutschland, die selbst früher als Ärzte hier tätig waren. In regelmäßigen Abständen besuchen sie das Projekt und wohnen dann auch in unserem Haus. Am kommenden Wochenende ist es wieder so weit. Ich werde das engagierte Ehepaar leider nicht mehr kennenlernen. Am Samstag geht mein Rückflug nach Düsseldorf.

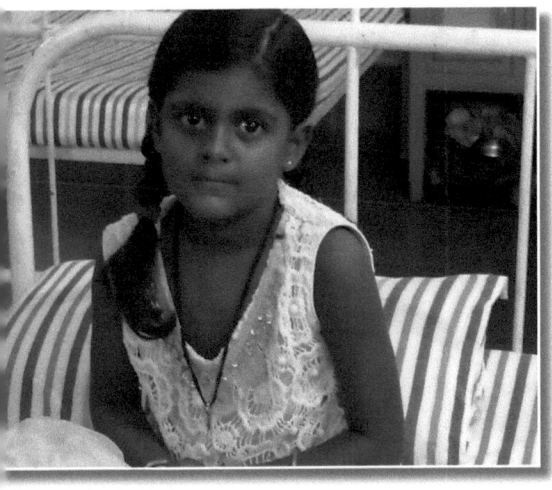
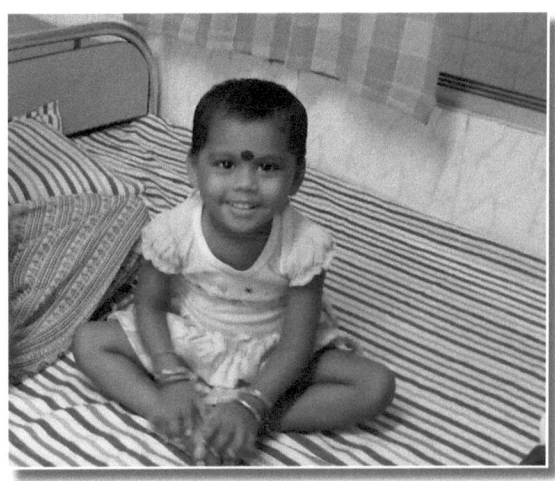
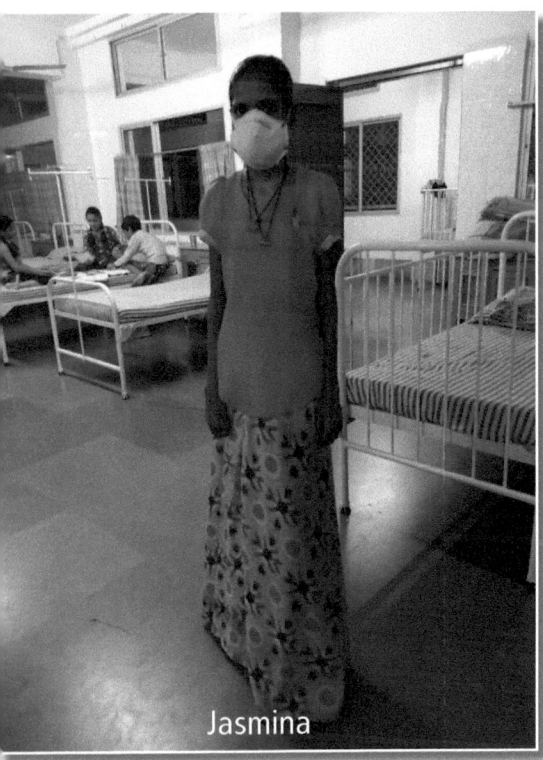

Jasmina

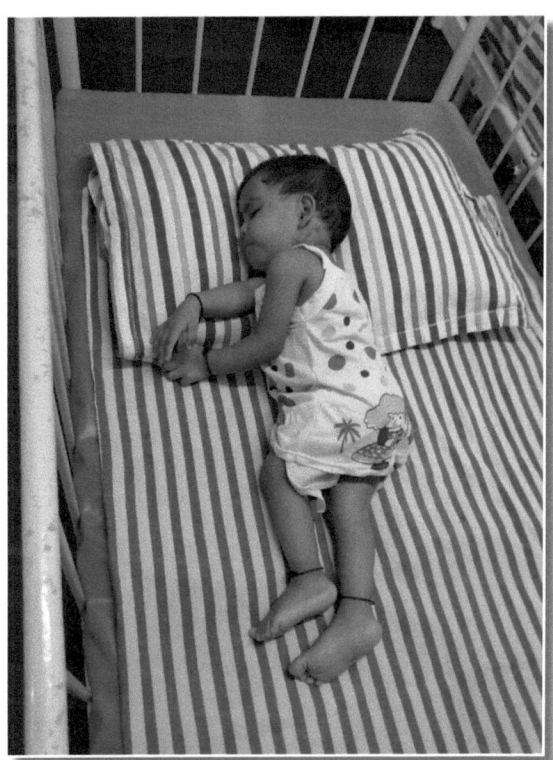

VERGEBENE CHANCE

Auf das Ergebnis des Schilddrüsenbefundes bin ich gespannt. Tobias hatte den exorbitant hohen TSH-Wert des Jungen nicht glauben wollen und ihn noch einmal zur Kontrollbestimmung in ein anderes Labor geschickt.

Auch in diesem Labor liegt der TSH-Wert über 100 mU/l. Die T3, T4-Werte befinden sich im kaum nachweisbaren Bereich. Es ist somit bewiesen, dass der Junge eine Hypo/Athyreose hat. Bruchstückweise kommt meine Übersetzerin der Ursache und der Wahrheit auf die Spur. Es ist ein Trauerspiel.

Ein Neugeborenenscreening wie bei uns mit Bestimmung des TSH und anderer Werte gibt es in Indien nicht. Trotzdem hat ein Arzt der Mutter – aus welchen Gründen auch immer – mitgeteilt, dass der Junge keine funktionierende Schilddrüse habe und er sein Leben lang Thyroxin nehmen müsse.

Der 17-jährige macht auf den ersten Blick nicht den Eindruck eines behinderten Kindes. Er sitzt brav auf seinem Stuhl und wirkt eher wie ein achtjähriger Junge mit einem freundlichen hübschen Gesicht. Das von uns verordnete Röntgenbild der linken Hand lässt jedoch keine Zweifel aufkommen. Auch wenn ich hier nicht den zu Hause zur Verfügung stehenden Röntgenatlas habe, lässt sich sicher sagen, dass das Knochenalter etwa dem chronologischen Alter entspricht. Das heißt: Er ist tatsächlich 17 Jahre alt.

Ich messe die Größe des Jugendlichen. Sie liegt bei 130 cm. Mehr oder weniger ist der Junge damit ausgewachsen. Wenn wir Glück haben, können wir mit der regelmäßigen Gabe von Thyroxin noch ein paar Zentimeter rausholen. Was wir jedoch nicht mehr entscheidend ändern können, ist die mentale Behinderung des Jungen. Das einzig Positive: Der Junge merkt nichts davon.

Die Mutter hatte trotz der rechtzeitigen Anordnung des Arztes das Schilddrüsenhormon nur sehr unregelmäßig gegeben. In den letzten drei Jahren gar nicht mehr. Wenn ich es richtig interpretiere, will Kaberi die Mutter maßregeln. Mir ist bewusst, dass meine Übersetzerin es nicht böse meint. Ich bitte sie dennoch, davon Abstand zu nehmen, der Mutter jedoch eindringlich zu vermitteln, dass es ganz wichtig ist, das Thyroxin ab sofort regelmäßig und zuverlässig zu verabreichen. Kaberi versteht sofort, was ich vermeiden möchte.

Die Sozialarbeiterin Salma hat uns bei ihren Hausbesuchen im Pilkhana Slum gezeigt, wie essentiell es ist, die Medikamenteneinnahme bei den Tuberkulosekranken zu überwachen. Wir verordnen Thyroxin und vereinbaren einen Kontrolltermin in zwei Wochen.

Der Rikschafahrer mit dem madenverseuchten Ulcus ist zur erneuten Wundversorgung da.

Das Geschwür sieht schon viel besser aus, aber es wird noch lange dauern, bis er geheilt ist. Der weitgehend zahnlose Mann ist glücklich. Er beugt sich zu mir herab, berührt meine Knie mit seinen Handflächen, um mir auf seine Weise zu danken für das Wenige, was ich für ihn veranlassen konnte. Um den Hals fallen kann er mir schlecht. Dafür ist er zu klein. Und springen sollte er mit dem Geschwür besser nicht.

Ein emotionsgeladener Abschied hat Tradition. Monika und ich bekommen von den indischen Mitarbeitern einen Blumenkranz umgehängt. Alle haben sich postiert, um uns ein Ständchen zu singen. Wir revanchieren uns mit einem Essen. Morgen geht es zurück in die Heimat.

Wie kann ich mich Kaberi gegenüber mit einer angemessenen Geste dankbar erweisen? Persönliche Geldgeschenke sind nicht erwünscht. Sie sollen in eine Gemeinschaftskasse, damit jeder Mitarbeiter partizipiert. Das ist nachvollziehbar. Etwas typisch Indisches erscheint mir nicht besonders originell. Die Lösung kam mir gestern beim Auspacken meines kleinen Rucksacks, den ich jeden Tag mit in die Ambulanz nehme. Dort fand ich meine beiden Glücksbringer, die mir vor dem Abflug geschenkt wurden. Mit ein paar erklärenden Worten präsentiere ich sie Kaberi, damit sie sich einen der beiden Glücksbringer aussuchen kann. Der eine ist eine Eule, der andere ein Christophorus. Meine Übersetzerin mit dem roten Punkt auf der Stirn entscheidet sich für den Heiligen.

Finale furioso

Das Taxi zum Flughafen steht pünktlich um 6.00 Uhr direkt vor unserer Haustür. Monika und ich verabschieden uns noch schnell von unseren Nachfolgern Ina und Bettina aus Leipzig, die zwei Stunden zuvor angekommen sind und auf unsere frei werdenden Betten warten. Wir kennen die beiden bereits vom Einführungsseminar in Bonn. Fliegender Wechsel.

Vier Frauen plus Walter. Ich bin unbesorgt: Ein Charmeur der alten Schule wie er, wird das locker meistern.

Monika ist angenehm überrascht, welchen luxuriösen Transfer Nilima, die Koordinationschefin, für uns organisiert hat. Uns soll es recht sein.

Um diese Zeit, kurz nach sechs, passieren wir die wochentags gewöhnlich immer verstopfte Andul Road problemlos. Bald schon werfen wir zum letzten Mal einen Blick auf das Viktoria Memorial. Gleich müsste die Hochstraße kommen.

Sie kommt aber nicht. Stattdessen fährt unserer Fahrer durch noch nie gesehene Wohngegenden. Sehr schön, aber für Sightseeing haben wir gerade keine Antenne. „How far to the Airport?" ,frage ich vorsichtig an. „About 25 minutes."

Durchatmen. Das wird uns keine Probleme bereiten. Weiter geht es durch unbekannte Wohngebiete. Wenn ich nicht wüsste, dass wir immer noch in Kalkutta sind, würde ich meinen, es kommt mir spanisch vor.

„You drive to the airport?", tastet sich Monika noch einmal behutsam an unseren Fahrer heran. „No, I drive to..... keine Ahnung wohin".

Wir verstehen nicht, was er sagt. Aber es dämmert in unseren Köpfen.

Bei der Erkenntnis, die sich gerade in unseren Hirnen ausbreitet, wird uns fast übel: Wir sitzen im falschen Auto. Walter, Annette und Steffi hatten für heute Morgen um halb sieben ein Taxi für einen Ausflug nach Sunderban bestellt.

Warum steht der Kerl auch so früh vor der Tür? „Airport. We have to go to the airport. Fast, please fast....", feuern wir den Fahrer an. Ihm schwant Böses.

Er telefoniert, dreht den Wagen. Nur: Von „Airport" will er nichts wissen. Pflichtbewusst, wie er zu sein scheint, steuert er Howrah South Point an, um seine richtigen Fahrgäste abzuholen. Ich denke nach, wo ich meine Kreditkarte deponiert habe, um für morgen einen neuen Flug zu buchen.

Plötzlich fährt er den PKW an den Straßenrand und zeigt auf ein anderes Auto. „Please get out, this is your car to the airport." Wir heben die Koffer in das andere Fahrzeug und steigen ein. Der freundlich grinsende junge Mann bringt uns jetzt also zum Flughafen. Erleichterung.

Erneut geht es lange Zeit durch Wohngebiete.

Der Fahrer versteht außer „Airport" vielleicht noch „Bahnhof". Wir lassen ihn mit verwirrenden Fragen besser in Ruhe. „Der wird doch wohl nicht auch....."

„Airport Airport" schreien wir beinahe unisono. Der Mann hinter dem Steuer hat uns endlich verstanden. Er gibt Gas. Und Alles.

Da, wo 30 Miles per Hour-Schilder stehen fährt er 70 oder 80 mph. Immer Millimeter nah an dem zu überholenden Fahrzeug vorbei, bevor er es ausbremst. Ein entgegenkommender Tata fährt frontal beim Überholvorgang auf uns zu. Hier wird unsere Höllenfahrt in den nächsten Sekunden beendet sein. Ave Maria...

Der Tatafahrer realisiert im letzten Moment, dass wir ein Notfall sind - und bremst. Wieder einmal ist es gut gegangen. Dennoch: Unser Formel-1-Fahrer übertrifft alles bisher Erlebte auf den Straßen Kalkuttas.

Frei von Schrammen, der letzten Nervenfaser beraubt und blass wie ein anämischer Mitteleuropäer mit einem Hämoglobin von fünf, torkeln wir vor dem Schild „Departure" aus dem Auto. Plötzlich ist unser Retter verschwunden. Er hat uns schnell noch einen Gepäckwagen besorgt.

Wir geben ihm sämtliche verbliebene Ruppies, ca. 1500. Für einen Formel-1-Fahrer nicht einmal ein Trinkgeld. Ich lege noch einen Zehn-Euro-Schein drauf, den ich in meinem Portemonnaie finde. Er lacht freundlich, begleitet von einer kurzen Bewegung des Kopfes: Der liegenden Acht - dann braust er davon.

RÜCKBLICK

Eine Woche später. Meine Armbanduhr zeigt immer noch Kalkutta-Zeit an. Die Seele baumelt zwischen zwei Kontinenten. Noch immer – obwohl ich unmittelbar nach meiner Rückkehr die Arbeit in der Praxis wieder aufgenommen habe. Die bunte Welt Kalkuttas will der realen Welt in der Heimat noch nicht weichen. Mein Gefühl sagt mir: Es wird noch eine Weile dauern. Zu berührend waren die Einzelschicksale, zu nachhaltig die Begegnungen mit den Menschen. Dankbarkeit - es fällt schwer, dieses Gefühl in Worte zu fassen. Mein Bruder Marcus brachte es in meinem Blog auf den Punkt: „Ich bin echt begeistert von dem, was ihr da leistet – und auch ein bisschen neidisch auf so einen Beruf, mit dem man überall so viel bewirken kann und so viel unmittelbares Feedback bekommt".

Wenn wir von der Arbeit erschöpft im Rettungswagen angekommen waren, wie jeden Nachmittag allen, die hinten auf den harten Bänken saßen, die Augen zufielen, fühlte ich mich erleichtert, dass wieder einmal alles gut gegangen war. Ich fühlte mich bereichert um menschliche Begegnungen, bereichert um medizinische Erfahrungen, bereichert um das Wachsen der Kommunikation mit meiner sehr geschätzten Übersetzerin Kaberi. Wenn abends am Tisch die Fälle im Kollegium diskutiert wurden, kamen mir Erkenntnisse. Auch, wenn im Sechswochen-turnus immer wieder jemand von uns ausgetauscht wurde – wir sind zusammengewachsen als Team. Ein Team, von dem ich als Kinderarzt viel Fachfremdes gelernt habe. Ein Team, das nicht nur Medizinisches zu besprechen hatte, sondern das sich mehr und mehr auch emotional annäherte. Ein Team, das spannende Ausflüge zusammen organisiert hat.

Die Stadt Kalkutta, die ich zunächst nur als Moloch wahrgenommen habe, demonstrierte Woche für Woche ein differenzierteres freundlicheres Gesicht. Stadt der Freude? Vielleicht ein bisschen too much. Aber eine Metropole, die sich eben nicht nur auf Dreck, Gestank, Lärm und bitterliche Armut reduzieren lässt, sondern auch ein Antlitz voller Vitalität, Freundlichkeit und Menschlichkeit zeigt. Stadt der Widersprüche.

Das Bewusstsein, auf der Sonnenseite des Lebens stehen zu dürfen, ist geschärft worden. Umso genugtuender ist das Gefühl, sich mit den Menschen auf der anderen Seite für eine kurze Zeit solidarisieren zu können. Das, was ich vor allem mit nach Hause genommen habe, sind die individuellen Schicksale - und das Gefühl, das eine oder andere Saatkorn gestreut zu haben, das auf fruchtbaren Boden gestoßen ist.

DANKE

Ich danke in erster Linie German Doctors dafür, dass sie mir diesen Einsatz und die damit verbundene Bereicherung für mein Leben ermöglicht haben. Wie ich von meiner Kollegin Monika Euler erfuhr, ist es eher ungewöhnlich, bereits bei der ersten Bewerbung eine Zusage zu bekommen.Glück gehabt!

Ich danke meinen Kindern und meiner Partnerin Kerstin, die mich ermuntert haben, diesen Weg zu gehen. Wenn mich meine eigene Courage zu verlassen schien und Horrorszenarien mein limbisches System traktierten, hat mich Kerstin daran erinnert, dass ich kurz davor war, einen Lebenstraum in die Realität umzusetzen.

Ich danke meinen allgemeinärztlichen Kollegen für ihre Geduld, mich in die internistischen Denkweisen einzuführen. Ebenso bin ich dem Langzeitarzt Dr. Tobias Vogt dankbar für die vielen wichtigen organisatorischen und kulturellen Informationen sowie für seine medizinischen Ratschläge und Hilfestellungen.

Mein Dank gilt auch meinen Kolleginnen und Kollegen, sowie meinen Mitarbeiterinnen in Bocholt, die mir während meiner Abwesenheit den Rücken in der Heimat frei gehalten haben.

Ich danke meinen Blog-Lesern, die an meinem Abenteuer Anteil genommen haben, für ihr positives Feedback und die Ermutigung, dieses Buch zu schreiben.

Und nicht zuletzt möchte ich Barbara Heidemann danken, die mir ermöglicht hat, das Kalkutta Projekt im WDR-Fernsehen vorzustellen.

Kalkutta is not only a City. It`s more than that.

Dr. med.Thomas Schmidt arbeitete im September / Oktober 2019 zum ersten Mal als Kinderarzt im Team von German Doctors in Kalkutta mit. Er verwirklichte damit den seit vielen Jahren bestehenden Wunsch, in dieser Form als Arzt tätig sein zu können. Während seines Aufenthaltes in der westbengalischen Hauptstadt verfasste er einen Blog, in dem er seine Begegnungen mit den Menschen in der Ambulanz, seine kulturellen Erlebnisse und seinen Austausch mit den Kollegen beschreibt. Erste Erfahrungen als Autor machte er durch Publikationen von Jakobswegen in Spanien und Portugal. Ermutigt durch seine Blogleser entstand dieses Buch.

Thomas Schmidt ist seit 1993 als Kinder- und Jugendarzt in Bocholt niedergelassen.

Mit einer Spende für die German Doctors helfen Sie Menschen in Entwicklungsländern, die sich keinen Arztbesuch leisten können.

Spenden für German Doctors an:

IBAN: DE26 5502 0500 4000 8000 20
Stichwort: „Das Kalkuttaprojekt"

Weitere veröffentlichte Bücher von Dr. med. Thomas Schmidt sind die aufgeführten Reiseberichte in der Reihe 'Camino Splitter':

Buch 1

2009 erschien sein Buch über den Camino Francés unter dem Titel: „Von León nach Santiago" - Begegnungen auf dem Camino Francés.
ISBN 978-3-8391-3740-6

Buch 2

2012 erschien sein zweites Buch über den Jakobsweg unter dem Titel: „Von Porto nach Santiago" - Mit Totti auf dem Portugiesischen Jakobsweg.
ISBN 978-3-8482-3049-5

Buch 3

Von Cáceres nach Salamanca

2014 erschien sein drittes Buch unter dem Titel: „Von Cáceres nach Salamanca" - Begegnung mit einem Engel auf der Vía de la Plata.
ISBN 978-3-7347-6892-7

Buch 4

2015 erschien sein viertes Buch unter dem Titel: „Von Calzada de Béjar nach Puebla de Sanabria" - Mit Cro auf der Vía de la Plata.
ISBN 978-3-7392-4252-1

Buch 5

2016 erschien sein fünftes Buch unter dem Titel: „Von Puebla de Sanabria nach Santiago" - Noch ein Engel auf der Vía de la Plata.
ISBN 978-3-7431-7714-7

Buch 6

2017 erschien sein sechstes Buch unter dem Titel: „Von Ferrol nach Santiago" - Hermanos auf dem Camino Inglés.
ISBN 978-3-7481-3078-9

Buch 7

2018 erschien sein siebtes Buch unter dem Titel: „Von Hondarribia nach Bilbao" - Auf dem Camino del Norte durch das Baskenland.
ISBN 978-3-7481-1743-8

Sonderausgabe

Santiago ruft

2018 erschien unter dem Titel "Santiago ruft" auf 236 Seiten ein textlicher Sammelband der Ausgaben 1 bis 6.
ISBN 978-3-7460-9158-7